C. Christian von Weizsäcker

Logik der Globalisierung

2., durchgesehene Auflage

W0099977

V&R

VANDENHOECK & RUPRECHT

C. Christian von Weizsäcker

Dr. phil., ist Professor für Wirtschaftliche Staatswissenschaften und Direktor des Energiewirtschaftlichen Instituts an der Universität Köln; seit 1977 Mitglied des Wissenschaftlichen Beirats des Bundesministers für Wirtschaft; 1986–1998 Mitglied und Vorsitzender der Monopolkommission; seit 1996 Mitglied der Nordrhein-Westfälischen Akademie der Wissenschaften.

Die Deutsche Bibliothek – CIP-Einheitsaufnahme

Weizsäcker, Carl Christian von:
Logik der Globalisierung / C. Christian von Weizsäcker. – 2., durchges. Aufl.
– Göttingen : Vandenhoeck und Ruprecht, 2000
  (Kleine Reihe V & R ; 4010 : Serie Ökonomische Einsichten)
  ISBN 3-525-34010-9

KLEINE REIHE V&R 4010

Serie Ökonomische Einsichten.
Herausgegeben von Helmut Hesse

Umschlag: Jürgen Kochinke, Holle
Schrift: Concorde regular
Gesamtherstellung: Hubert & Co., Göttingen

Inhalt

Adam Smith (1723–1790), nach einem Medaillon von 1787, schottischer Moralphilosoph und Begründer der klassischen Nationalökonomie. In seinem 1776 erschienenen Hauptwerk »An inquiry into the nature and causes of the wealth of nations« führte er den Wohlstand auf Arbeitsteilung und marktwirtschaftlichen Austausch zurück. Wesentlicher Bestandteil seiner Theorie ist die Doktrin eines freien internationalen Handels.

Vorwort

»No man can have in his mind a conception of the future, for the future is not yet.
But of our conceptions of the past, we make a future.«

Thomas Hobbes, Human nature. 1650

Aus der Sicht der Gegenwart ist die Vergangenheit moralisch überlegen und technisch unterlegen. Das war immer schon so. Die Vergangenheit erschien immer schon als warm und gemütlich, die Gegenwart als kalt und effizient. Die Differenz zwischen Gegenwart und Vergangenheit wurde immer schon extrapoliert: so ist denn die Erwartung für die Zukunft, dass sie kälter und effizienter sein wird als die Gegenwart.

Der Prozess der Globalisierung, der als in der Zeit voranschreitender Prozess wahrgenommen wird, erscheint damit als ein Prozess, der in die Kälte führt, Effizienz hin oder her. Er löst dadurch Unbehagen und Angst aus. Was soll Effizienz auf Kosten der zwischenmenschlichen Wärme und Solidarität: geht uns nicht dadurch die Arbeit aus?

Der Ökonom glaubt daran, dass Effizienz erwünscht ist. Für ihn war der Prozess der Globalisierung unproblematisch. Schon immer haben die Ökonomen gesagt: »Dass uns die Arbeit ausgeht, ist immer schon gesagt worden. Im Verlauf dieses Prozesses, der die Arbeit wegrationalisiert, sind wir reich geworden und haben immer neue Verwendungen der menschlichen Arbeit gefunden.« Und schon immer haben die Nicht-Ökonomen geantwortet: »Aber wir befinden uns an der Schwelle eines neuen Zeitalters. Die Erfahrungen der Vergangenheit zählen nicht. Nunmehr wird uns die Arbeit wirklich ausgehen.«

Das neue Wort »Globalisierung« hat die Ökonomen nicht sonderlich interessiert, weil für sie der Vorgang der Globalisierung seit zwei Jahrhunderten das tägliche Brot ist. So kam es, dass wir dieses neuerdings bestsellerträchtige Feld den Nicht-Ökonomen überlassen haben. Aber vielleicht können wir zu diesem Thema doch etwas beisteuern. Das versuche ich hier.

Im ersten Teil werden einige Gedanken entwickelt, die unabhängig vom Thema »Globalisierung« sind, die aber in den folgenden beiden Teilen verwendet werden. Das Generalthema des zweiten Teils ist die Behauptung, dass die nationale Autonomie zum Politik-Machen durch die Globalisierung nicht behindert, sondern gefördert wird. Das Generalthema des dritten Teils ist eine Diskussion des weltweiten Ordnungsrahmens für künftige Wirtschaft und Politik. Er schließt ab mit einem Plädoyer für Vielfalt, gegen internationale Vereinheitlichung, wie sie von denen gefordert wird, die meinen, der nationalen Politik sei der Gestaltungsspielraum abhanden gekommen.

Teil I: Grundlagen

1. Freiheit und Zwang in der wettbewerblichen Marktwirtschaft

»Vor allem aber achtet scharf
Dass man hier alles dürfen darf.
(Wenn man Geld hat)«

Bert Brecht, Mahagonny

A   Der Zwang für den Einzelnen,
seine Rolle als Produzent gut zu spielen

Wir sprechen von der freien Marktwirtschaft. Und nun soll diese freie Marktwirtschaft in ihrer globalisierten Form ein Zwangssystem sein, das die nationale Demokratie unterhöhlt und unter das Diktat des weltweiten Marktes zwingt? Um dieses Paradox zu beseitigen, ist etwas logisches Denken erforderlich. Mit dessen Hilfe stellen wir fest: die Marktwirtschaft ist beides. Sie ist ein System der Freiheit, und sie ist zugleich ein Zwangssystem.

In der Marktwirtschaft steht der Produzent in der Regel im Wettbewerb mit anderen, den Wettbewerbern. Das zwingt ihn, seine Kunden möglichst gut und preiswert zu bedienen. Denn die Kunden können zur Konkurrenz abwandern. So wird der Unternehmer, indem er seinem eigenen Gewinn nachstrebt, ein nützliches Mitglied der Gesellschaft. Dieser Gedanke ist die Grundlage für eine funktionierende Marktwirtschaft. Der Wettbewerb im Rahmen einer verlässlichen Eigentumsordnung erzwingt das Wohlverhalten derjenigen, die nichts anderes im Kopf haben als ihren eigenen Vorteil. Diese Ordnung setzt die richtigen Anreize. In den OECD-Ländern ist heute der durchschnittliche materielle Lebensstandard mindestens zehn mal höher als vor hundert Jahren. Dieses Wohlstandswachstum ist sehr weitgehend die Frucht der wettbewerblichen Marktwirtschaft.

Das Individuum ist Teil des grossen Systems der Arbeitsteilung, die eine notwendige Voraussetzung für die heutige hohe Produktivität ist. Die Arbeitsteilung bedeutet, dass das Wissen, welches volkswirtschaftlich nützlich wird, millionenfach grösser werden kann als das Wissen, das in einem einzelnen Kopf Platz hat. Der Spezialist auf einem bestimmten Gebiet verkauft seine Produkte auf dem Markt und macht damit sein Wissen nutzbar für all diejenigen, die seine Produkte kaufen. Im Rahmen dieses Systems der Arbeitsteilung spielt jeder Einzelne eine Rolle. Die Rolle des Einzelnen ist meist die eines Spezialisten, der über ein sehr spezifisches Knowhow verfügt, das er mit nur vergleichsweise wenigen anderen Mitspielern teilt. Diese Rolle muss einigermaßen zuverlässig gespielt werden. Das System kann zwar den Ausfall einiger, nicht aber den Ausfall aller Spieler verkraften. Der Einzelne ist zwar ein Stück weit frei in der Wahl der Rolle, d.h. in der Wahl seiner Spezialität. Aber er ist bei Strafe einer erheblichen Einbuße seines Lebensstandards nicht frei von dem Zwang, irgendeine Spezialistenrolle zu übernehmen. Zudem ist er gezwungen, nach der Wahl seiner Rolle diese auch einigermaßen zufriedenstellend zu spielen.

Was ich hier sage, gilt für unselbstständige Lohnarbeiter und selbstständig tätige Unternehmer gleichermaßen. Es gehört in der Regel zur Rolle des Einzelnen, Entscheidungen zu fällen. Insofern ist seine Rolle mit einem freien Entscheidungsspielraum versehen. Dieses Freiheitselement existiert also in der arbeitsteiligen Produktionsgesellschaft. Aber das Interesse, das er im Rahmen seiner Rolle bei seiner Entscheidung zu berücksichtigen hat, ist nicht so sehr das eigene als vielmehr das seiner Umgebung, seiner »Kunden«. Der Arzt soll im Interesse des Patienten entscheiden. Tut er das offenkundig nicht, so wird er als selbstständig tätiger Arzt seine Kundschaft verlieren. Als angestellter Arzt wird er seine Stelle verlieren. Es geht hier um eine höchst eingeschränkte Freiheit. Auch der Unternehmer verfügt im Grunde nur über diese eingeschränkte Entscheidungsfreiheit. Steht er unter hinreichend starkem Wettbewerbsdruck, so kann sein Ziel nur sein, durch gute Bedienung seiner Kunden seinen Gewinn zu maximieren. Dieser maximal erreichbare Gewinn wird in vielen Fällen ohnehin niedrig sein. Verluste kann er sich auf Dauer nicht leisten. Er würde als Unternehmer aufhören zu existieren.

Ich werde diese Analyse in Kapitel 3 noch verfeinern, wenn ich auf das Phänomen der Veränderung, der Innovation eingehe. Gegenwärtig können wir vorerst einmal konstatieren, dass das marktwirtschaftliche System deshalb vergleichsweise gut funktioniert, weil es seinen Funktionären, d.h. allen Erwerbern von Einkommen, den Zwang auferlegt, ihre Rolle gut zu spielen. In dem Stück, das hier mit vielen Rollen gespielt wird, ist der zahlende Gast der Kunde. Der Kunde, wenn er Geld hat, ist König.

B   Im Rahmen seines Budgets ist der Verbraucher frei

Als Verbraucher sind wir nicht spezialisiert. Wir spielen hier keine Spezialistenrolle. Die Vielfalt der Güter und Dienstleistungen, die wir konsumieren, steht in einem augenfälligen Kontrast zu der spezialistischen Konzentration, der wir uns als Produzenten unterwerfen. Aber nicht nur das. Wir sind als Verbraucher auch überwiegend keinem Wettbewerbsdruck ausgeliefert. Die Tatsache, dass mein Nachbar den Autotyp fährt, den ich auch kaufen möchte, erschwert mir den Kauf in der Regel überhaupt nicht. Der Autohändler ist sehr bereitwillig in der Lage, uns beide zu bedienen.

Was bedeutet die Aussage, der Kunde sei König? Sie besagt nicht, dass der Verbraucher tun und lassen kann, was er will. Auch für einen König gelten Budgetbeschränkungen. Aber im Rahmen dieser Budgetbeschränkungen ist der Verbraucher doch recht frei. Er kann sich entscheiden, wie er wohnt, wo er wohnt, ob er sich ein Automobil kauft und welches, ob er seinen Urlaub zu Hause verbringt oder in der grossen weiten Welt, zu welchem Arzt er geht, zu welchem Vermögensberater, zu welchem Anwalt usw., usw.

Natürlich gibt es auch für den Verbraucher Zwänge, die über die Budgetbeschränkung hinausgehen. Es gibt Komplementaritäten in seinen Entscheidungen. Wer A sagt, muss auch B sagen. Wer, aus welchen Gründen auch immer, auf eine bestimmte Arbeitsstelle festgelegt ist, der ist nur beschränkt frei in seiner Wohnungswahl. Es kann sein, dass die von ihm bevorzugte Wohnlage ihn zwingt, mit dem Auto zur Arbeitsstätte zu fahren. Wer sich entschieden hat, eine

Familie zu gründen, mag nunmehr die Pflicht haben, diese auch zu ernähren. Freiheit bedeutet nicht die Möglichkeit des Unmöglichen. Sie bedeutet nur eine hohe Autonomie in der Auswahl von Alternativen im Rahmen dessen, was objektiv möglich ist.

Diese relativ hohe Wahlfreiheit des Verbrauchers ist ein Spezifikum der Marktwirtschaft. In der entwickelten Marktwirtschaft ist aus der Sicht des Verbrauchers nichts knapp, nur das Geld. In der Subsistenzwirtschaft oder im Regime des zentralverwaltungswirtschaftlich organisierten realen Sozialismus sind sehr viele Güter knapp, die man auch mit Geld nicht kaufen kann. Es genügt dort nicht, ein bestimmtes Budget zur Verfügung zu haben, in dessen Rahmen man frei entscheiden kann. Die Wahlfreiheit ist wesentlich weitergehend eingeschränkt. Das tägliche Leben des Verbrauchers ist deshalb dort mühsamer. Er muss mehr selbst vorausdenken und planen, um mit seinen Projekten nicht an einer der vielen Knappheiten zu scheitern. Er muss ständig Schlange stehen, um mit diesen Knappheiten fertig zu werden.

Die Reduktion der vielen naturwüchsig vorhandenen Knappheiten auf die eine Knappheit des Geldes in der Marktwirtschaft bringt eine fundamentale Entlastung für den einzelnen Verbraucher. Er braucht nicht mehr als eine rudimentäre Vorratshaltung zu betreiben, da er praktisch jederzeit mit seinem Geld alles kaufen kann, was er gerade braucht. Der Strom kommt jederzeit aus der Steckdose, solange man ihn bezahlen kann. Das Gas heizt die Wohnung automatisch, solange man die Gasrechnung bezahlt. Nur mit dieser Entlastung von der Detailplanung der eigenen Zukunft (nicht natürlich von der Zukunftsvorsorge insgesamt) ist auch die enorme Vielfalt der Güter kompatibel, die der Verbraucher in der entwickelten Marktwirtschaft erwirbt. Die Gegenwart kann so vielfältig und bunt sein, weil die Zukunft heute wesentlich weniger Entscheidungen erfordert als in einer Welt der vielfältigen Knappheiten.

Die hohe Entscheidungsautonomie des Verbrauchers ist eng verbunden mit seinem Königsstatus als Kunde. Die typische Transaktion ist die, dass der Verbraucher wählt zwischen Gütern, die ihm von den Anbietern jeweils zu einem Festpreis angeboten werden. Der Verkäufer ist zu diesem Festpreis an einer Transaktion interessiert, weil er an ihr Geld verdient. Der Preis liegt über den Grenzkosten des Verkäufers. (Die Grenzkosten sind die zusätzlichen Kosten der

Beschaffung einer Einheit des zu verkaufenden Gutes. Sind sie niedriger als der Preis, entsteht durch den Verkauf ein Gewinn, eine Marge.) So umwirbt er den Kunden. Je höher die Marge zwischen Preis und Grenzkosten, desto freundlicher der Verkäufer und sein Personal. Die Höhe der Marge ist andererseits beschränkt durch den Wettbewerb der Anbieter. Und, da in der Regel die Durchschnittskosten über den Grenzkosten liegen, ist auch bei positiver Preis-Grenzkosten-Marge der Gewinn des Unternehmers noch keineswegs garantiert.

Als Fazit dieser beiden Abschnitte formuliere ich die *Große Dichotomie: als Produzenten sind wir in der arbeitsteiligen Marktwirtschaft den System- und Sachzwängen unterworfen; als Verbraucher sind wir – im Vergleich zu allen anderen denkbaren Wirtschaftssystemen – relativ frei in der Wahl, wie wir unser Einkommen verwenden. Es gibt für uns im Wesentlichen nur die eine grosse Knappheit, die Knappheit unserer Kaufkraft, die Knappheit des Geldes.*

C   Im zwanzigsten Jahrhundert sind Wohlstand und Freiheit stark gewachsen

Wer arm ist, dessen Wahlfreiheiten sind bei der Verwendung seines Einkommens stark eingeschränkt. Er muss sich auf den Verbrauch lebenswichtiger Güter beschränken. Ein wesentlicher Beitrag des zwanzigsten Jahrhunderts zu erhöhter individueller Freiheit liegt in der Verzehn- bis Verzwanzigfachung des materiellen Lebensstandards. Dieser drückt sich in der Tat auch darin aus, dass die Menschen sich durch entsprechende Konsumentscheidungen von der sozialen Kontrolle durch andere emanzipiert haben. Die Individualisierung des Lebensstils, von der bei heutigen Kommentatoren so viel die Rede ist, sie ist vor allem auch ein Wohlstandsphänomen. Einige Beispiele seien hier genannt.

Die durchschnittliche Haushaltsgrösse hat sich im Verlauf des zwanzigsten Jahrhunderts ganz wesentlich vermindert. Wirtschaftlich gesprochen, gibt es beim Zusammenleben der Menschen »economies of scale« (Größenvorteile). Wenn WC, Bad, Küche, Eingangsflur je einmal pro Wohnung vorhanden sind, dann kosten diese Wohnungsbestandteile pro Kopf in einem Acht-Personen-

Haushalt wesentlich weniger als in einem Zwei-Personen-Haushalt. Die Kosten des Zubereitens der Mahlzeiten, einschließlich der Vorratshaltung, sinken pro Kopf mit der Zahl der Personen, für die gekocht wird. Der Wohnraum kann bei vielköpfigen Haushalten effizienter genutzt werden als bei kleinen Haushalten. Haushaltsgeräte, das Auto, Zuleitungen von Strom, Gas, Telefon, Radio- und Fernsehgebühren fallen pro Haushalt einmal an. Diese Kosten verteilen sich auf mehr Köpfe, wenn die Menschen in grösseren Einheiten zusammenleben.

Diese ecomies of scale sind der ökonomische Grund, weshalb bei niedrigem Lebensstandard die Durchschnittsgrösse der Haushalte grösser ist als bei höherem Lebensstandard. Je grösser der Haushalt, in dem der einzelne Mensch lebt, desto geringer sind aber seine persönlichen Entfaltungsmöglichkeiten. Das frühe Ausziehen der Kinder, die separate Wohnung der Großeltern sind Wohlstandsphänomene. Sie vermindern die erforderliche Rücksichtnahme auf andere. Sie sind Ausdruck grösserer individueller Freiheit.

Die individuelle Freizeit hat sich durch die Arbeitszeitverkürzung im Verlauf des zwanzigsten Jahrhunderts wesentlich erhöht. Dadurch ist der Freiheitsspielraum der Menschen in Bezug auf ihre Zeitverwendung, ihre Zeitautonomie, grösser geworden. Ein wesentlicher Teil des volkswirtschaftlichen Produktivitätszuwachses ist in der Form zusätzlicher Freizeit konsumiert worden. Aus dem 12-Stunden-Tag, sechs Tage die Woche, und meist ohne Urlaubswochen, ist die 38-Stunden-, ja 35-Stunden-Woche geworden, der ein zweieinhalbtägiges Wochenende entspricht. Dazu kommt ein Urlaubsanspruch von vielleicht sechs Wochen, sowie reichlich in Anspruch genommener vollbezahlter Krankheitsurlaub. Dies alles führt dazu, dass sich die effektive Jahresarbeitszeit des Vollzeitarbeitnehmers halbiert hat. Wenn die Zeit am Arbeitsplatz vor hundert Jahren vielleicht zwei Drittel der Zeit des Wach-Seins ausgefüllt hat, so ist dies heute noch ein Drittel. Im Sinne dieser Rechnung hat sich die Zeit-Autonomie verdoppelt von einem Drittel der Wachzeit auf zwei Drittel der Wachzeit.

Der Individualisierung entspricht auch die grössere Freiheit in der Wahl des Wohnstandorts. Ein ganz wesentlicher Aspekt gestiegenen materiellen Wohlstands ist die gewachsene örtliche Mobilität. Öffentliche Verkehrsmittel und ein stark ausgebautes Straßennetz sind hierfür die Infrastrukturvoraussetzungen. Das Telefon tut ein Übriges. Ein Teil der Freizeit wird also von vielen geopfert für einen längeren Weg zwischen Arbeitsplatz und Wohnung. Wer auf den Arbeitsplatz festgelegt ist, hat damit grössere Wahlfreiheit für den Wohnungsstandort. Wer auf den Wohnungsstandort festgelegt ist (z.B. aus familiären Gründen), hat durch die Mobilität grössere Auswahlfreiheit in der Wahl des Arbeitsplatzes.

Die grössere Mobilität erhöht die Zahl der Optionen darüber, wer in einem Haushalt berufstätig ist. Die massiv gestiegene Berufstätigkeit von Frauen, die mit ebenfalls berufstätigen Männern zusammenleben, wäre nicht denkbar ohne die besseren Transportmöglichkeiten zwischen Wohnung und Arbeitsplatz. Wenn beide Partner als Professionals in unterschiedlichen, hunderte von Kilometern entfernten Städten tätig sind, so setzt dies die moderne Verkehrs- und Kommunikationsinfrastruktur voraus.

Die Emanzipation der Frau ist ebenfalls ganz wesentlich durch den steigenden Wohlstand gefördert worden. Die veränderte Art und Weise des Zusammenlebens, die sich auch in den drastisch gestiegenen Scheidungsziffern manifestiert, sie sind Ausdruck einer erhöhten Freiheit in der Partnerwahl. Diese ist zudem ungleich reversibler geworden als in der Vergangenheit. Aber diese Wahlfreiheit wäre bei einem Lebensstandard wie vor hundert Jahren völlig undenkbar gewesen. Die Scheidung war damals für den Normalbürger eine finanzielle Unmöglichkeit. Entsprechend war die Auswahlmöglichkeit für die Eheschließung durch zusätzliche, im Wesentlichen wirtschaftliche Überlegungen eingeschränkt. Die einmal im Leben erfolgende Wahl des Partners für das ganze Leben war viel weniger eine freie Wahl als die heutige Auswahl des Lebenspartners oder »Lebensabschnittspartners«.

D Warum uns die Arbeit nicht ausgeht: Die zunehmende Arbeitsteilung. Der Prozess der Professionalisierung

Adam Smith ist der Begründer der ökonomischen Wissenschaft. In seinem grossen Werk »Wealth of Nations«, das 1776 erschien, führt er den Wohlstand auf die Arbeitsteilung zurück, die sich ihrerseits über den Marktaustausch organisiert. Der hohe Zuwachs an Wohlstand im Verlauf des zwanzigsten Jahrhunderts muss, wenn diese Theorie richtig ist, begleitet gewesen sein von einer weiteren Ausdifferenzierung der Arbeit, von einer weiter verfeinerten Arbeitsteilung. Und das ist in der Tat empirisch festzustellen. Wo immer wir auch hinsehen, gibt es heute eine feinere Aufsplitterung der Spezialgebiete. Es gibt heute ungleich mehr Wirtschaftsbranchen als vor hundert Jahren. Und innerhalb jeder Branche kann man im Zeitverlauf eine immer grössere Vielfalt der Produkte beobachten.

Diese immer weiter gehende Nutzung der Vorteile der Arbeitsteilung ist dann auch die treibende Kraft bei dem ständigen Strukturwandel, den wir in allen Volkswirtschaften beobachten. Weil neue Branchen entstehen, muss der Beschäftigungsanteil der alten Branchen zurückgehen. Dies geschieht meist trotz weiter steigender Produktionsmenge in der alten Branche. Die deutsche Landwirtschaft, die heute nur einen kleinen Bruchteil der Menschen beschäftigt, die sie vor hundert Jahren beschäftigt hat, produziert dennoch mehr an Getreide, Fleisch, Milch und Milchprodukten, Gemüse, Obst, Wein als sie es vor hundert Jahren getan hat. Es ist die starke Rationalisierung der Produktion, die es ermöglicht, dass ausreichend Arbeitskräfte für immer mehr unterschiedliche Branchen zur Verfügung stehen. Diese Rationalisierung wird von vielen gesehen als eine Bedrohung: »Uns geht die Arbeit aus.« Dabei wird, so glaube ich, verfehlterweise von der abnehmenden Beschäftigung in jeder vorgegebenen, hinreichend alten Branche auf die Gesamtwirtschaft geschlossen. Aber die Gesamtwirtschaft kann eine wachsende Anzahl von Branchen nur mit Personal versehen, wenn die alten Branchen Personal abgeben. Betrachtet man nur die alten Branchen, etwa die Landwirtschaft oder die Textilindustrie, entsteht der Eindruck, dass die Zahl der Arbeitsplätze ständig abnehme. Betrachtet man nur die jungen Branchen, entsteht die Frage: war denn in der Vergangenheit die Arbeitslosigkeit nicht viel höher als heute, als es die Software-Produzenten, Krankengymnastinnen, Unternehmensberater, Versicherungsvertreter in so viel geringerer Zahl gab als heute? Beide Sichtweisen sind einseitig. Das richtige Gesamtbild entsteht nur dann, wenn man die Branchen insgesamt ansieht. Und da ergibt sich der Eindruck, dass in der fortgeschrittensten Volkswirtschaft der Welt, in den USA, sich mit steigender Computerisierung der Wirtschaft die Zahl der Arbeitsplätze jedes Jahr um ca. 2% vermehrt.

Der Modernisierungsprozess der Welt, den wir mit dem Begriff der Globalisierung verbinden, ist ein Prozess auch der zunehmenden Verfeinerung der Arbeitsteilung. Mit dieser geht einher ein Prozess der zunehmenden Professionalisierung. Der Hochleistungssport war vor einem Jahrhundert noch ein Feld der Amateure. Heute wird er durchgehend von Profis betrieben. Ein Amateur hat keine Chance mehr. Das Feld ist im Verlauf der letzten hundert Jahre durchprofessionalisiert worden.

Die Professionalisierung eines Betätigungsfeldes bedeutet, dass diese Aktivität von einer Nebenbeschäftigung zu einer hauptberuflichen wird. Sie bedeutet zugleich, dass man sich in ihr auf einen eng begrenzten Kreis von Tätigkeiten beschränken muss, in denen man seine »Performance« nach relativ klar objektivierbaren Kriterien mit denen seiner Kollegen oder Konkurrenten vergleichen kann. Sie bedeutet in der Wirtschaft, der Wissenschaft und anderen Bereichen zugleich auch, dass der Wettbewerb eben sehr viel stärker nach solchen Performance-Kriterien und immer weniger nach Kriterien wie persönliche Freundschaft, Verwandtschaft, Nationalität oder politische Verbundenheit entschieden wird. Das Leistungsprinzip setzt sich immer mehr durch. Die Welt wird dadurch kälter, aber effizienter.

Ich halte diesen Trend zu vermehrter Arbeitsteilung, zur Professionalisierung für unumkehrbar und für universell. Er wird in der Zukunft immer noch weitere Tätigkeiten ergreifen. Er bewährt sich in der Regel darin, dass die Produktivität dieser Aktivität steigt. Aber man kann natürlich die Frage stellen, ob der Gesamtprozess der zunehmenden Arbeitsteilung und Professionalisierung zu besseren Ergebnissen führt. Werden wir glücklicher, wenn wir reicher werden? Diese Frage will ich in diesem Buch nicht behandeln. Dass aber dieser Gesamtprozess zu mehr Wohlstand führt, kann nicht ernsthaft bestritten werden.

2. Kurzfrist- und Status quo-Orientierung demokratischer Politik

»Nichts Bessers weiss ich mir an Sonn- und Feiertagen
Als ein Gespräch von Krieg und Kriegsgeschrei.
Wenn hinten weit in der Türkei
Die Völker aufeinanderschlagen.
Man steht am Fenster, trinkt sein Gläschen aus
Und sieht den Fluss hinab die bunten Schiffe gleiten;
Dann kehrt man abends froh nach Haus,
Und segnet Fried und Friedenszeiten.«

»Herr Nachbar, ja! So lass ichs auch geschehn
Sie mögen sich die Köpfe spalten,
Mag alles durcheinander gehn;
Doch nur zuhause bleibs beim alten.«

Goethe, Faust I

A   Die Status quo-Orientierung von Interessengruppen

Der einzelne Bürger und Wirtschaftsteilnehmer hat ein vielfältiges Spektrum an Interessen. Diese resultieren aus seiner biologischen Konstitution, seiner Erziehung durch die Familie, die Kirche und die Schulen, seinem beruflichen Werdegang und seiner heutigen beruflichen Stellung, seiner Mitgliedschaft in einer Familie, in Vereinen, in einer lokalen Nachbarschaft und ähnlichem. Für viele Menschen gilt, dass ihre Interessen weit gespannt sind und sich nicht auf wenige Lebensbereiche reduzieren lassen. Gerade weil die Geldwirtschaft durch die Reduktion der vielen Knappheiten auf die eine Knappheit das Leben so stark vereinfacht, besteht für das Individuum die reale Möglichkeit, sich einer Vielfalt von Interessen zu widmen. Die eine Knappheit – anstelle der vielen Knappheiten – schafft die Voraussetzungen für die Buntheit des Lebens.

16

Es ist deshalb für die politische Theorie von Bedeutung, zu verstehen, welche der individuellen Interessen im Rahmen von Interessengruppen politisch repräsentiert werden und welche nicht. Der Aufbau und die Stabilisierung einer Interessengruppe sind mit Kosten verbunden. Diese Kosten an Zeit und Geld müssen von den Mitgliedern aufgebracht werden. Unter welchen Bedingungen ist ein Bürger und Wirtschaftsteilnehmer bereit, einer Interessengruppe beizutreten, die in aller Regel ja von ihm einen Mitgliedsbeitrag und vielleicht auch den Einsatz seiner Zeit verlangt?

Der Aufwand, den die Organisation einer wirksamen Interessengruppe verursacht, muss in einem vernünftigen Verhältnis zum Nutzen dieser Interessengruppe für ihre Mitglieder stehen. Die Organisationskosten einer grösseren Organisation steigen ungefähr proportional mit der Zahl der Mitglieder. Es wird – in erster Approximation – für das einzelne Mitglied nicht billiger, wenn die Anzahl der Mitglieder steigt. Diese Aussage gilt bei gegebenem Grad der Homogenität der zu vertretenden Interessen. Wenn aber, was wahrscheinlich ist, mit steigender Mitgliederzahl die Homogenität der Interessen der Mitglieder abnimmt, dann ist es sehr wohl möglich, dass die Organisationskosten der Interessengruppe mit steigender Mitgliederzahl überproportional steigen, dass es also für das einzelne Mitglied umso teurer ist, der Gruppe anzugehören, je grösser die Interessengruppe ist. Eine Organisation, die zum Beispiel die Interessen sämtlicher Verbraucher oder sämtlicher Arbeitnehmer vertreten will, kann nicht sehr schlagkräftig sein. Denn die Interessen ihrer Mitglieder sind sehr heterogen. Die Bereitschaft, einen erheblichen Mitgliedsbeitrag für eine solche Mammut-Organisation zu zahlen, ist daher nicht vorhanden. Wir erwarten, dass die wirklich gut organisierten Interessengruppen wesentlich kleiner sind und aus Mitgliedern bestehen, deren von der Gruppe vertretene Interessen wesentlich homogener sind.

Ferner muss eine schlagkräftige Interessengruppe ein den Mitgliedern wichtiges Interesse vertreten. Sonst würde sich ein grösserer Mitgliederbeitrag nicht lohnen. Die Frage, ob die auf dem Markt angebotenen Zahnbürsten zu einem angemessenen oder nur zu einem überhöhten Preis käuflich sind, ist zu unwichtig, als dass sie sich als Kristallisationspunkt einer Interessengruppe eignen könnte. Die Frage, ob der Lohn, der in der Branche, in der man tätig ist, bezahlt wird, zufriedenstellend ist oder nicht, diese Frage ist von hinreichendem Gewicht für den Arbeitnehmer in dieser Branche, um als Kristallisationspunkt einer Interessengruppe zu dienen.

Ein drittes Kriterium dafür, ob es sich lohnt, um ein Interesse eine Interessengruppe zu bilden, ist die reale Möglichkeit, durch koordiniertes Handeln in der Gruppe eine wesentliche Veränderung des Zustands zu erreichen, der ohne diese Interessengruppe existiert.

Wir stellen fest, dass es einen relativ selektiven Filter dafür gibt, welche individuellen Interessen organisierbar sind. Die drei Kriterien lassen einen Filter entstehen, der sehr stark durch die Arbeitsteilung der Wirtschaft vorgeprägt ist. Viele Interessen der Produzenten einer Branche sind vergleichsweise homogen. Zugleich ist die Zahl derjenigen, die dieses gemeinsame Interesse haben, begrenzt. Das Gewicht dieses Interesses für den einzelnen, spezialisierten Anbieter ist hinreichend gewichtig, um eine kostspielige Interessenvertretung lohnend erscheinen zu lassen. Und schließlich lässt sich insbesondere durch Kartellbildung die eigene Verhandlungsstärke gegenüber den Kunden wesentlich verbessern.

Das im Konzert der Interessenvertretungen dominierende Interesse ist damit das Interesse des Einzelnen als Produzent. Seine Konsumenteninteressen wahrt das Individuum überwiegend allein, nicht im Kollektiv einer Interessengruppe. Es sucht unter Bedingungen des Produzenten-Wettbewerbs individualistisch nach Bezugsquellen mit niedrigen Preisen und guter Qualität. Dieser Suchaufwand wird in vielen Fällen gebündelt durch Unternehmen, die sich auf diese Suche spezialisieren: die Handelsunternehmen. Die Handelsunternehmen sind heute kapitalistisch und nicht als Interessengruppe organisiert. Die Konsumgenossenschaften vergangener Zeiten konnte man noch als eine Art Interessengruppe der Konsumenten auffassen. Aber sie haben Bedeutung gehabt nur in einer Zeit, als die Wettbewerbsintensität der Produzenten und des Handels noch wesentlich geringer war als heute. Ihre Rolle ist heute beendet, weil sie vom Wettbewerb der Produzenten und Händler hinreichend gut ersetzt worden ist; und diese kommen ohne den Aufwand aus, den die Aufrechterhaltung einer Interessengruppe immer mit sich bringt.

Das Produzenteninteresse spaltet sich noch einmal auf in das des Unternehmers der entsprechenden Branche und das des Arbeitnehmers. Es gibt Interessengegensätze zwischen Arbeitnehmern und Arbeitgebern der gleichen Branche, insbesondere hinsichtlich der Verteilung der geschaffenen Werte. So haben Unternehmer und Arbeitnehmer der gleichen Branche unterschiedliche Interessengruppen, den Branchen-Unternehmerverband und die Branchen-Gewerkschaft. Aber es gibt natürlich auch Branchen-Interessen, die Arbeitgebern und Arbeitnehmern gemeinsam sind, wie zum Beispiel die Verhinderung einer Besteuerung von Energieverbrauch in einer energie-intensiven Branche. Diese gemeinsamen Interessen werden dann durch gemeinsames Lobbying vertreten.

Es ist nun von besonderer Bedeutung, zweierlei zu verstehen. Die in den Interessengruppen von Produzenten gebündelten Interessen haben erstens die Tendenz, sich gegen den Wettbewerb zu stellen. Sie haben zweitens eine starke Neigung zur Verteidigung des jeweiligen Status Quo. Beide Tendenzen überlappen sich und stützen sich gegenseitig; denn der Wettbewerb bewirkt meist Veränderung. Aus dem gleichen Grund haben die Interessengruppen auch stark protektionistische Tendenzen: sie versuchen, sich gegen die jeweils ausländische Konkurrenz politisch zur Wehr zu setzen. Der Ansatzpunkt hierfür ist klar: ausländische Produzenten haben im Inland keine Wählerstimmen, die sie für ihre Interessen mobilisieren könnten.

Die Lobby einer Branche setzt sich dafür ein, der Staat möge dafür sorgen, dass der Wettbewerb innerhalb dieser Branche gering ist. Dadurch können die Preise der Branche dann höher liegen als sie unter Wettbewerbsbedingungen liegen würden. Das erhöht die Gewinne oder mindert die Verluste der Anbieter dieser Branche. Es erlaubt auch, Unternehmen und Arbeitsplätze zu erhalten, die bei härterem Wettbewerb nicht überlebensfähig wären. An letzterem sind insbesondere die Gewerkschaften interessiert, weil ihnen daran liegen muss, ihren Mitgliedern ganz allgemein zu zeigen, dass sie für den Erhalt von vorhandenen Arbeitsplätzen kämpfen. Da die gemeinsame Vertretung der Arbeitnehmer- und Arbeitgeber- Interessen meist in der Politik effektiver ist, lassen sich auch diejenigen Unternehmen häufig für die Abwehr des Wettbewerbs einspannen, für die der Wettbewerb auch Vorteile bringen könnte. Es sind dies die überdurchschnittlich leistungsfähigen Unternehmen, die in ihrer

Entfaltungsmöglichkeit durch die Einschränkung des Wettbewerbs häufig behindert werden.

In der politischen Argumentation gegen den Wettbewerb in der eigenen Branche spielen die »Besonderheitenlehren« der jeweiligen Branchen eine herausragende Rolle. Angesichts der generell unbestrittenen Vorteile des Wettbewerbs für den Konsumenten muss argumentiert werden, weshalb der Wettbewerb gerade in dieser Branche für den Konsumenten von Nachteil ist. Die entsprechenden Slogans sind dann etwa: »Sport ist keine Ware«, »die Kulturnation Deutschland ist in Gefahr, wenn der Buchhandel in einen ruinösen Preiswettbewerb getrieben wird«, »elektrischer Strom ist ein besonderes Gut und für den Wettbewerb ungeeignet, weil es nicht gelagert werden kann«, » die durch den Preiswettbewerb entstehenden Risiken für die Versicherungsunternehmen sind inkompatibel mit dem Gedanken, dass diese anderer Leute Risiken versichern«, »Preiswettbewerb in der Landwirtschaft führt zu umweltschädlichen Anbaumethoden«. Und immer wieder wird gesagt, dass scharfer Wettbewerb zum Abbau von Arbeitsplätzen in dieser Branche führt, ein Argument, das in der Regel richtig ist und die Kehrseite der Medaille ist, auf deren oberer Seite man lesen kann: »Die durch den Wettbewerb vorangetriebenen Produktivitätszuwächse haben den Lebensstandard in Mitteleuropa innerhalb eines Jahrhunderts verzehnfacht.«

Auch für die Arbeitnehmer einer Branche ist es angenehm, wenn diese Branche dem Wettbewerb nicht ausgesetzt ist, wohl aber alle anderen Branchen. Denn ein Unternehmen, das mangels Wettbewerb Lohnerhöhungen ohne Schwierigkeiten auf die Preise überwälzen kann, ist in einer schwachen Verhandlungsposition gegenüber den Arbeitnehmern, wenn es um diese Lohnerhöhungen geht. Deshalb sind die Gewerkschaften hochregulierter oder gar staatlicher Unternehmen grundsätzlich gegen die Deregulierung oder Privatisierung der Branche, weil dies mehr Wettbewerb bedeutet.

Von besonderer Bedeutung für die Analyse des Globalisierungsphänomens ist folgende Beobachtung. *Die Produzenteninteressen, die sich gut in Interessengruppen organisieren lassen, präferieren den Status Quo gegenüber den meisten Veränderungen.* Man kann dies deutlich machen an den Arbeitnehmervertretungen, den Gewerkschaften. Auch in seiner Eigenschaft als Produzent, als abhängig Beschäftigter, muss ein Arbeitnehmer für seine Lebensplanung daran interessiert sein, dass Fortschritt und Strukturwandel stattfinden. Denn dieser Strukturwandel ist die Voraussetzung dafür, dass sein Reallohn im Verlauf seines weiteren Lebens steigt. Dennoch zieht auch er eine Situation vor, in der zwar alle anderen Branchen dem Wettbewerb und dem Strukturwandel ausgesetzt sind, seine eigene jedoch nicht, so dass sein Arbeitgeber ihm seinen Arbeitsplatz garantiert und die Verhandlungsposition seiner Gewerkschaft gegenüber dem Arbeitgeber dadurch gestärkt wird. Die Gewerkschaft kann ihrer Natur nach vor allem Einfluss nehmen auf die Geschehnisse, die die eigene Branche betreffen. Sie vertritt in dieser Branche die Interessen der heutigen Inhaber von Arbeitsplätzen. Offenkundig besteht ihre Mitgliedschaft nicht aus Personen, die durch Veränderungen in der Branche erst Arbeitsplätze bekommen. Denn diese sind als Personen noch gar nicht bekannt, können also gar nicht Mitglied der Gewerkschaft sein. Die Beibehaltung des Status Quo bedeutet, dass die heutigen Arbeitnehmer ihre herkömmliche Beschäftigung behalten. Das daran anknüpfende gemeinsame Interesse der Gewerkschaftsmitglieder bestimmt die Politik der Gewerkschaft. Diese ist deshalb ihrer Natur nach Status quo-orientiert.

Analoge Überlegungen gelten für die Unternehmer. Diese sind ja dadurch charakterisiert, dass sie in bestimmte spezialisierte Produktionsanlagen investiert haben. Sie haben diese Investitionen getätigt angesichts eines bestimmten Absatzvolumens und angesichts bestimmter Marktpreise für ihr Produkt. Jede Veränderung der Marktlage birgt für sie das Risiko abnehmenden Absatzes und sinkender Marktpreise. Wenn der Status Quo ihnen die erwartete Rentabilität ihrer Investitionen garantiert, dann haben auch sie ein starkes Interesse daran, diesen Status Quo vor unliebsamen Veränderungen zu schützen.

Daher setzen sich die Produzenten-Interessengruppen für die Erhaltung des Status Quo in der eigenen Branche ein, auch wenn sie überhaupt nichts dagegen haben, als Konsumenten von der Veränderungs-Dynamik des Wettbewerbs in anderen Branchen zu profitieren.

Wenn überall intensiver Wettbewerb herrscht, dann ist dies für die ganze Bevölkerung besser, als wenn gleichmäßig überall der Wettbewerb durch den Einfluss der Interessengruppen vermindert wird. Dennoch setzen sich häufig die Interessengruppen durch, weil das Brancheninteresse an einem geringeren Produzenten-Wettbewerb leichter organisierbar ist als das Konsumenteninteresse an einem starken Produzentenwettbewerb. Dieses Resultat kann in Analogie gesehen werden zu dem Problem der militärischen Abrüstung. Alle Völker stellen sich besser, wenn die allgemeine Abrüstung gelingt. Da aber jede Nation vorzieht, dass die anderen abgerüstet sind, sie selbst aber nicht zur Abrüstung verpflichtet ist, ergeben sich grosse Probleme, den Idealzustand zu erreichen. Das allgemeine, abstrakte Interesse an einer allgemeinen Abrüstung ist wesentlich schwerer organisierbar als das nationale Sicherheitsinteresse, gut gerüstet zu sein. Letzteres kann unilateral angestrebt werden, ersteres erfordert ein multilaterales Abkommen.

Das Erreichen des Ziels allgemeinen Wettbewerbs setzt das Verständnis in der Bevölkerung dafür voraus, dass Wirtschaftspolitik übergeordneter Gesichtspunkte bedarf, und nicht einfach die Umsetzung der Summe der Brancheninteressen ist. Die Berücksichtigung dieser übergeordneten Gesichtspunkte nennt man in Deutschland »Ordnungspolitik«. Sie wurde von Ludwig Erhard eingeführt. Für sie ist das Bundeswirtschaftsministerium zuständig. »Ordnungspolitik« ist der Versuch, den Einfluss der Interessengruppen auf die Wirtschaftspolitik in Grenzen zu halten, indem die übergeordneten Gesichtspunkte denen der Interessengruppen entgegengestellt werden.

B   Die Status quo-Orientierung der Politik

Politik wurde zu allen Zeiten und wird auch heute stark von Interessengruppen beeinflusst. Deren Hauptzielrichtung ist die Erhaltung des Status Quo in den Bereichen, in denen sie jeweils besonders starke Interessen und besonderen Sachverstand haben. Die Landwirtschaftspolitik ist das Kompetenzgebiet des Bauernverbandes, die Gesundheitspolitik das der kassenärztlichen Vereinigung, die Energiepolitik das der Industriegewerkschaft Bergbau usw. Der Bauernverband hat geringen Einfluss auf die Gesundheitspolitik, wo er vielleicht progressiv und veränderungsfreundlich wirken würde, genauso wie umgekehrt die Interessenvertretung der Ärzte keinen

Einfluss auf die Landwirtschaftspolitik hat, obwohl sie dort wahrscheinlich wesentlich progressiver und wettbewerbsfreundlicher wirken würde als der Bauernverband.

Was den Produktionsvorgang betrifft, ist in der arbeitsteiligen Gesellschaft der letztliche Nutznießer der Produktionsvorgänge, der Verbraucher, zugleich Laie. Der Fachmann ist jeweils der Produzent; und er ist zugleich maßgeblicher Interessent an der Politik, die seine Branche betrifft. So ist das typische Bild: der Fachmann liefert die guten Argumente für die Aufrechterhaltung des Status Quo. Der fachmännische Einfluss wird in aller Regel in die Waagschale gegen den Wettbewerb geworfen.

In Zeiten, in denen zuwenig Arbeitsplätze vorhanden sind, erhalten die Kräfte des Status Quo zusätzlich Auftrieb durch das sogenannte Arbeitsplatzargument. Eine Änderung, die vom Wettbewerb erzwungen wird, ist in aller Regel auch mit dem Verlust von Arbeitsplätzen verbunden. Die wegfallenden Arbeitsplätze können relativ konkret bezeichnet werden. Eine solche Änderung schafft zwar in aller Regel auch neue Arbeitsplätze. Aber die sind meist diffus verteilt über die ganze Volkswirtschaft. Sie können nicht genau bezeichnet oder gar sichtbar gemacht werden, schon deshalb nicht, weil sie noch gar nicht existieren. Deshalb konzentriert sich die öffentliche Diskussion dann auf die Arbeitsplätze, die verloren gehen. Aus deren Perspektive ist aber die Veränderung negativ anzusehen.

Wenn beispielshalber ein Produktionsvorgang für ein Konsumgut rationalisiert wird, dann führt dies bei gegebenem Produktionsvolumen zu einer Abnahme der Arbeitsplätze in dieser Branche. Zugleich sinken die Produktionskosten. Bei Wettbewerb zwischen den Anbietern sind diese gezwungen, die Kostensenkungen in der Form von Preissenkungen an die Kunden weiterzugeben. Die Konsumenten behalten nunmehr Kaufkraft übrig, die sie bisher für dieses Gut ausgegeben haben. Die Einsparungen bei den Ausgaben für dieses Gut führen dann zu einer verstärkten Nachfrage nach vielen verschiedenen anderen Konsumgütern. Dadurch entstehen in zahlreichen anderen Branchen zusätzliche Arbeitsplätze. Deren Anzahl lässt sich aber empirisch schlecht messen. Denn während diese Arbeitsplätze in den anderen Branchen entstehen, passiert so viel anderes gleichzeitig auch, dass man den Arbeitsplatz-Schaffungs-Effekt dieser einen Rationalisierungsmaßnahme einer bestimmten

Branche nicht isoliert beobachten kann. Was aber nicht sinnlich wahrgenommen werden kann, hat in der politischen Argumentation viel weniger Gewicht als das, was unmittelbar beobachtet werden kann. Im Zeitalter des Fernsehens gilt diese Aussage erst recht.

Da der Wettbewerb sich förderlich auswirkt bei der Durchsetzung von Rationalisierungsprogrammen, entsteht nun auch wegen der verkürzten Betrachtung der Arbeitsplatzeffekte von Rationalisierung ein Widerstand gegen den Wettbewerb, gegen die Kräfte der Veränderung.

Ein weiterer Grund für die Status quo-Orientierung der Politik liegt in der von ihr selbst im Verlauf von Jahrzehnten aufgebauten sehr hohen Regelungsdichte. Eines der erfolgreichsten Verfahren, mit denen eine Branche sich vor zu starker Konkurrenz durch Außenseiter schützt, ist, den Staat davon zu überzeugen, dass er den Marktzugang beschränken solle, um die Verbraucher vor Angeboten schlechter Qualität zu schützen. Nach meiner Auffassung wäre diese staatliche Zugangsbeschränkung in den meisten Fällen nicht erforderlich. Im Markt gibt es das sehr wirksame Mittel der Qualitätsauslese über den sozialen Mechanismus des Aufbaus einer Reputation. Aber dieses sehr interessante Thema kann hier nicht behandelt werden. Jedenfalls ist durch die Verantwortung, in die sich der Staat hier hat hineinziehen lassen, ein sehr dichtes Netz von Regelungen entstanden.

Ein anderes Beispiel für die hohe Regelungsdichte ist das Steuerrecht. Der Versuch, ein ergiebiges, gerechtes Steuersystem auch mehrheitsfähig zu machen, hat durch den Einfluss von Interessengruppen zu einer immer weiter gehenden Ausfächerung von Steuertatbeständen und Steuervorschriften geführt. Das Steuerrecht ist noch in jedem Wahlkampf als viel zu kompliziert kritisiert und noch nach jeder Wahl auf dem Wege des politischen Kompromisses weiter kompliziert worden. Es hat – zumindest in Deutschland – noch keine Bundestagswahl gegeben, in der nicht von allen Parteien die Vereinfachung des Steuerrechts versprochen wurde. Und es hat noch keine Legislaturperiode gegeben, in der nicht das Steuerrecht weiter ausdifferenziert und komplizierter gemacht worden ist. Ich möchte an dieser Stelle die Ursachen für diese Diskrepanz zwischen Zielen und Effekten nicht im Einzelnen analysieren. Es scheint sich um eine Art Grundgesetz des politischen Prozesses der Kompromissbildung zu handeln, dass man die Dinge – ungewollt – immer komplizierter macht: die starken Status quo-Interessen müssen bei jeder Veränderung dadurch berücksichtigt werden, dass man viele von ihnen in Ausnahme-Regelungen vor zu negativen Folgen der Veränderungen schützt.

Die allgemein hohe Regelungsdichte ist historisches Ergebnis eines jahrzehntelangen kontinuierlichen Prozesses der Gesetzgebung, Verwaltung und Rechtsprechung. Eines ihrer Ergebnisse ist aber, dass der Staat sehr unbeweglich und Status quo-bezogen geworden ist. Je mehr Gesetze und Verwaltungsvorschriften in der Vergangenheit schon erlassen worden sind, desto kleiner ist der Prozentsatz der Vorschriften, die innerhalb einer Legislaturperiode in seriöser Arbeit verändert werden können, desto statischer wird das Gesamtgebilde aller Vorschriften, denen der Bürger unterworfen ist. Denn die Absolutzahl der Vorschriften, die in vier Jahren wohl vorbereitet erlassen werden kann, ist begrenzt. Sei diese zum Beispiel 100. Wenn nun schon 500 Vorschriften vorhanden sind, dann machen die neuen oder geänderten Vorschriften 20% der alten Vorschriften aus. Wenn aber 5000 alte Vorschriften existieren, dann machen die 100 neuen oder geänderten gerade 2% aus. Der Status Quo kann sich bei einer hohen Regelungsdichte schon aus gesetzgebungstechnischen Gründen nur sehr langsam ändern.

Das Fazit dieser beiden Abschnitte ist: *Demokratische Politik ist Status quo-orientiert, tut sich schwer mit jeder Art von Veränderung.*

C   Die Kurzfrist-Orientierung der Politik

In den vergangenen 25 Jahren hat sich die Wirtschaftswissenschaft intensiv mit dem Principal Agent-Phänomen beschäftigt. Für die deutsche Sprache spreche ich von delegiertem Handeln. Der Auftraggeber A (im Englischen: principal) beauftragt den Auftragnehmer oder Delegierten D (im Englischen: agent) im Namen und auf Rechnung des Auftraggebers zu handeln. Delegiertes Handeln trifft man überall in Wirtschaft, Gesellschaft und Politik an. Die Schwierigkeiten delegierten Handelns sind heute auch im Bewußtsein der

Öffentlichkeit. Auf eine ganz besondere Schwierigkeit möchte ich hier eingehen:

Delegiertes Handeln verschiebt das Handeln in Richtung stärkerer Kurzfrist-Orientierung. Weshalb?

Der Delegierte D ist jemand, der seine Arbeit meist gegen Bezahlung macht. Er ist zur Weiterführung und Entfaltung seiner beruflichen Tätigkeit an einer Fortsetzung seines ihm vom Auftraggeber A übertragenen Mandats interessiert. Der Auftraggeber A ist wegen Zeit- und Kompetenzmangel nicht in der Lage, die einzelnen Handlungen des Delegierten im Detail zu überwachen. Sein »Controlling« orientiert sich an den Ergebnissen des Handelns seines Delegierten, die ja ihm, dem Auftraggeber, zufallen. Da der Auftraggeber die Leistung des Delegierten am Ergebnis misst, verschwimmt bei der Beurteilung dieser Leistung der Kausalzusammenhang zwischen den nur zum Teil vom Delegierten beeinflußbaren Ursachen und dem Resultat. Die Komplexität des wirklichen Handlungszusammenhangs des Delegierten wird in den Augen des beurteilenden Auftraggebers stark reduziert, im Extremfall reduziert allein auf das dem Auftraggeber zufallende Ergebnis.

Misst der Auftraggeber die Leistung des Delegierten an den inzwischen eingetretenen Erfolgen und geschieht diese Messung in relativ kurzen Abständen, so ist der Delegierte bis zu einem gewissen Grad geradezu gezwungen, sich vornehmlich solchen Projekten zu widmen, deren Ergebnis kurzfristig vorliegt. Er kann dann langfristig ertragreiche Projekte nur begrenzt und nicht gleichberechtigt mit kurzfristig ertragreichen Projekten verfolgen. So kommen wir zu der Schlußfolgerung, dass delegiertes Handeln eine hohe Zeitpräferenz aufweist, zu Kurzfrist-Orientierung führt.

Die Berufskrankheit des Politikers, seine Orientierung am nächsten Wahltermin, ist sprichwörtlich. Der Vorwurf, dass der Politiker zugunsten seines nächsten Wahlerfolgs die Zukunft des Landes verspielt, fällt aber natürlich auf den Wähler zurück, der mit dem Politiker unzufrieden ist, aber selbst über den Wahlsieg der Politiker entscheidet. Der Wähler kann im Einzelnen die Kausalzusammenhänge etwa in der Wirtschaftspolitik nicht verfolgen, da er dazu weder die Ausbildung noch die Zeit hat. Ihm bleibt daher nichts anderes übrig, als das Ergebnis wirtschaftspolitischen Handelns – soweit es ihn selbst und seine unmittelbare Umgebung betrifft – zum Kriterium seines Urteils über die Wirtschaftspolitik seiner Regierung zu machen. Dabei unterstellt er weitgehend (und vielfach zu Unrecht), dass die gegenwärtige Regierung verantwortlich für die gegenwärtige Wirtschaftslage sei. Wenn man die Kausalzusammenhänge im Einzelnen nicht kennt, neigt man unwillkürlich dazu, den Zeitbedarf für die Wirkung von Maßnahmen zu unterschätzen. Dies schon deshalb, weil man frühere potentielle Ursachen heutiger Wirkungen um so weniger noch im Gedächtnis hat, je weiter zurück diese Ursachen liegen. Die oberflächliche Kausalanalyse ist deshalb der Tendenz nach eine zeitkomprimierende Kausalzurechnung. Die Volkswirtschaft ist – bei aller Flexibilität – ein recht träger Körper. Von einem Tag zum andern ändert sich wenig. Sonst könnten sich die Wirtschaftsteilnehmer in der enormen Komplexität des Wirtschaftsgeschehens kaum vernünftig orientieren. Deshalb aber gibt es lange Wirkungsverzögerungen von wirtschaftspolitischen Maßnahmen.

Ein Beispiel mag dies verdeutlichen. Es ist ein Faktum, dass die Erhöhung der Geldmenge durch die Zentralbank im ersten Jahr einen expansiven Effekt auf Sozialprodukt und Beschäftigung hat, dem später Preissteigerungen, Lohnsteigerungen und ein kontraktiver Effekt nachfolgen. Die Einschränkung des Geldangebots hat umgekehrt zuerst einen kontraktiven Sozialprodukts- und Beschäftigungseffekt, dem später stabilere Preise und Löhne und ein Wiederansteigen des Sozialprodukts folgen. Die beim Wähler übliche Zurechnung der gegenwärtigen Wirtschaftslage zu den Handlungen der heute im Amt befindlichen Politiker verführt diese dazu, expansiveren Maßnahmen der Geldpolitik den Vorzug zu geben, auch wenn diese auf Dauer die Stabilität des Geldwerts gefährden. Der vorübergehende Erfolg höheren Sozialprodukts und höherer Beschäftigung wiegt für den Politiker schwerer als die längerfristig eintretende Erschütterung des Vertrauens in die Währung mit all ihren negativen Konsequenzen für den Wohlstand der Bürger. So gibt es – empirisch über jeden Zweifel erhaben -eine inflatorische Tendenz in der Wirtschaftspolitik.

In diesem Fall hat sich in jüngerer Zeit als Gegenmittel die Institution einer Zentralbank mit grosser Unabhängigkeit von der jeweiligen Regierung entwickelt. Den Entscheidungsgremien der Zentralbank ist die Stabilität des Geldes und seiner Kaufkraft besonders aufgegeben. Die Direktion wird auf lange Amtsperioden gewählt und sie ist weitgehend unabhängig von Weisungen der Regierung. Im Kreise der informierten Marktteilnehmer hat sich in den letzten Jahren mehr und mehr das Kriterium einer unabhängigen Zentralbank als Signal für die Solidität der Geldpolitik eines Landes durchgesetzt. Da die Operateure auf den internationalen Kapitalmärkten im Durchschnitt einen höheren Informationsstand zur Wirtschaftspolitik besitzen als die Wähler, präferieren sie Anlagen in Länder mit einer soliden, nicht-inflatorischen Geldpolitik. Von Kapitalmärkten kommt heute somit eine Stützung langfristig orientierter Geldpolitik. Denn ein Land mit bisher regierungsabhängiger Zentralbank kann mit Hilfe des Übergangs zu einer unabhängigen Zentralbank unmittelbar von einer Politik profitieren, die die dauerhafte Stabilität des Geldwerts stark gewichtet. Die Kapitalmärkte werden dieses Land präferieren und ihm somit sofort nach dieser Reform ermöglichen, die Zinsen zu senken und so die zukunftsorientierte Investitionstätigkeit anzukurbeln.

Ein zweites Beispiel aus dem Bereich der Politik ist ebenfalls aufschlußreich: die Staatsverschuldung. In fast allen Staaten der westlichen Welt ist die öffentliche Hand insofern ein Kapitalvernichter als die Staatsschulden das reale Staatsvermögen übersteigen, zumindest dasjenige Staatsvermögen, das durch Investitionen gebildet worden ist. Da der private Sektor ständig Kapital bildet, spricht vieles dafür, dass die Bürger eines Landes mit ihren Ersparnissen stärker für die Zukunft vorsorgen als ihre Delegierten es für das Kollektiv eben derselben Bürger tun. So kann man vermuten, dass die Bürger sich vom Staat eigentlich eine wesentlich geringere Staatsverschuldung wünschen als man tatsächlich beobachten kann. Weshalb aber die Diskrepanz zwischen gewünschter und tatsächlicher Staatsverschuldung?

Der Bürger rechnet seine wirtschaftliche Situation der jeweils mit demokratischer Mehrheit legitimierten Regierung und ihrer Wirtschaftspolitik zu. Er misst diese Situation primär an seinem gegenwärtigen Einkommen nach Steuern und an den staatlichen Leistungen wie den Bau von Straßen, Krankenhäusern, Schulen, von denen er Nutzen zieht. Angesichts der Unsicherheit der Zukunft zieht er die künftig zu erwartenden Belastungen, die aus heutiger Staatsverschuldung resultieren, nur wenig in sein Kalkül mit ein. Während er als Privatmann oder Privatfrau auf die Unsicherheit der Zukunft mit zusätzlicher Spartätigkeit reagiert, ist sein Informationsstand über die Staatsschuld und seine Bereitschaft, sich über die Staatsfinanzen ein Bild zu machen, minimal. Er kann die Staatsfinanzen durch sein Handeln als Einzelperson nur wenig beeinflussen. Deshalb kümmert er sich kaum um sie. Der aus gutem Grunde schlecht informierte Bürger orientiert sich somit als Wähler an dem von ihm unmittelbar, am eigenen Leibe erfahrenen Gegenwartszustand der Wirtschaft. Steuersenkungen ohne Senkung der Staatsausgaben verbessern kurzfristig die Lage des Bürgers / Steuerzahlers / Wählers. Das Gleiche gilt für die Erhöhung der Staatsausgaben ohne parallel gehende Steuererhöhung. Dies gilt jedenfalls dann, wenn die zinstreibende Wirkung eines höheren staatlichen Defizits für die Mehrheit der Bürger kein ebenso gewichtiger Störfaktor ist. Da die Bürger als Privatpersonen aber überwiegend Nettobesitzer von Finanzvermögen sind, stört sie der höhere Zins nicht unmittelbar.

Fazit dieses Abschnitts ist: *Politik ist delegiertes Handeln und daher kurzfristorientiert.* Die hier besprochene Kurzfrist-Orientierung der Politik ist wohlgemerkt nur der Spezialfall eines allgemeineren Phänomens, nämlich der tendenziellen Kurzfrist-Orientierung aller Delegationsverhältnisse. Andere Beispiele für solche Delegationsverhältnisse sind die Beziehung zwischen Aktionär und Vorstand einer Aktiengesellschaft, zwischen Vermögensbesitzer und Vermögensverwalter, zwischen Gewerkschaftsmitglied und Gewerkschaftsfunktionär. Wir werden im nächsten Kapitel auf eines dieser Delegationsverhältnisse noch eingehen.

3. Langfrist-Orientierung und Veränderungs-Freudigkeit der Marktwirtschaft

> »Die Bourgeoisie kann nicht existieren, ohne die Produktionsinstrumente, also die Produktionsverhältnisse, also sämtliche gesellschaftlichen Verhältnisse fortwährend zu revolutionieren...Die fortwährende Umwälzung der Produktion, die ununterbrochene Erschütterung aller gesellschaftlichen Zustände, die ewige Unsicherheit und Bewegung zeichnet die Bourgeoisieepoche vor allen anderen aus.«
>
> *Karl Marx, Kommunistisches Manifest. 1848*

A   Der Planungshorizont des Individuums

In modernen Zeiten und in entwickelten Volkswirtschaften hat der Mensch eine Lebenserwartung von rund 70 bis 80 Jahren. Der Mensch ist ein zukunftsorientiertes Lebewesen. Seine heutigen Dispositionen sind sehr stark dadurch bestimmt, dass er für seine eigene Zukunft vorsorgen will. Er ist ein Lebewesen mit hoher Aversion gegen Risiko. Dies verstärkt seinen Eichhörnchen-Trieb, sein Vorbauen gegen die Wechselfälle des Lebens. Zudem sind viele Menschen Eltern von Kindern und Großeltern von Enkeln. Im Regelfall liegt den Eltern und Großeltern am Wohlergehen ihrer Nachkommen. Diese Haltung verlängert den Planungs- und Dispositionshorizont der Menschen noch weit über den Zeitpunkt ihres Todes hinaus. Die Quintessenz dieser Überlegungen ist, dass die Menschen im Durchschnitt ihr Handeln auch – nicht nur – orientieren an Ergebnissen des Handelns, die weit in der Zukunft liegen. Beispielsweise tragen sie schon als relativ junge Menschen Vorsorge für ihr Alter und für den Fall der Krankheit. Kurz: Der Mensch handelt langfristorientiert, wenn er für sich selbst handelt.

Nun muss allerdings berücksichtigt werden, welche Möglichkeiten die Menschen haben, ihr eigenes Schicksal in der ferneren Zukunft zu beeinflussen. Wie gross diese Möglichkeiten sind, das hängt sehr stark von der Gesellschaft ab, in der sie leben. Wie Thomas Hobbes im 17. Jahrhundert formuliert hat, ist das Leben des Menschen in einer Welt ohne gesellschaftliche Ordnung »einsam, ärmlich, scheußlich, brutal und kurz.« In einer solchen anarchischen Welt geht es dem Menschen um das nackte Überleben. Langfristige Planungen sind sinnlos. Das Anhäufen von Vorräten ist nur sinnvoll, wenn man die Wahrscheinlichkeit sieht, diese in Zukunft auch selbst nutzen zu können.

Wenn aber von Staat und Gesellschaft ein Rahmen zur Verfügung gestellt wird, in dem Eigentum geschützt ist, in dem Verträge zur Absicherung von Risiken diese auch wirklich absichern, in dem die Kaufkraft der Währung stabil ist, dann sind die meisten Menschen bereit, langfristige private Zukunftsvorsorge zu treffen, langfristig zu denken und zu handeln. Für sich selbst hat der Mensch kein Delegationsproblem zu lösen.

B   Delegierte Vermögensverwaltung und Einstellung zum Risiko

Natürlich ist es selbst in einer wohlgeordneten Gesellschaft für den Einzelnen sinnvoll, sich des Rats anderer zu bedienen, wenn es um die Zukunftsvorsorge geht. Im Zusammenhang unseres Generalthemas ist es von besonderer Bedeutung, wie sich der Einzelne bei der Anlage seiner Ersparnisse beraten lässt. Das bringt uns Einblicke in die Art und Weise, wie der Kapitalmarkt funktioniert, der, wie in Kapitel 9 beschrieben wird, einen wichtigen Part in der Globalisierung spielt.

Wenn der Vermögensbesitzer sich des Rats eines Anlageberaters bedient oder gar sein Vermögen zum Teil oder ganz von einem Vermögensverwalter verwalten lässt, dann haben wir wieder ein Delegationsverhältnis vor uns, wie wir es schon im vorangegangenen Kapitel besprochen haben. Der Delegierte tendiert dazu, kurzfristig erreichbare Ziele gegenüber langfristig erreichbaren stärker zu gewichten, als es jemand tut, der auf eigene Rechnung handelt. Im Fall der Vermögensverwaltung wirkt sich das so aus, dass der Verwalter das Risiko in stärkerem Maße scheut als es der tut, der sein eigenes Vermögen verwaltet. Der Grund ist folgender: wer sein eigenes Vermögen verwaltet, wird auf den Risikoausgleich über die Zeit rechnen. Wenn er mit seiner Anlagepolitik im ersten Jahr Pech gehabt hat, dann hofft er auf mehr Glück im zweiten oder dritten Jahr. Deshalb ist er stärker rendite- und risikoorientiert als er es wäre, wenn er nur eine Chance hätte.

Der beauftragte Vermögensverwalter hat indessen sozusagen nur eine Chance. Wenn die Ergebnisse seiner Anlageentscheidungen im ersten Jahr schlecht sind, dann muss er gewärtigen, dass ihm seine Kunden ihr Vertrauen entziehen und zu einem Konkurrenten übergehen. Aus diesem Grund wird er sich ähnlich verhalten wie der Vermögensbesitzer, der den Risikoausgleich über die Zeit nicht berücksichtigt. Entsprechend wird der Vermögensverwalter besonders vorsichtig sein.

Stellt der Staat in der Form stabilen Gelds die Voraussetzungen für eine risikofreie Anlage zur Verfügung, dann wird ein grosser Teil des Finanzvermögens der Bürger in festverzinslichen Werten angelegt, die relativ risikofrei sind und eine kleine Rendite abwerfen. Neben dem selbstbewohnten Haus ist dies die risikoloseste Form, für das Alter und für schlechte Zeiten vorzusorgen. Die Erfahrung lehrt, dass über längere Zeiträume die Rendite von Aktienanlagen im Durchschnitt besser ist als die der risikolosen Anlage in Festverzinsliche. Aber diese Aussage nützt dem einzelnen Anleger wenig, wenn die Zeit, in der er das Vermögen aufbrauchen will, gerade eine Zeit niedriger Aktienkurse ist. Das ist der Grund, dass in Ländern mit stabiler Währung das überwiegende Finanzvermögen aus Festverzinslichen besteht.

Für die Möglichkeit des Staates, zinsgünstig Kredit aufzunehmen, ist es im Grunde von grosser Bedeutung, dass die Währung stabil ist. Allerdings sind diese Vorteile einer stabilen Währung für die Staatsfinanzen langfristiger Natur. Daher sind sie angesichts der Kurzfristorientierung der Politik nicht hinreichender Grund dafür, dass die jeweilige Regierungsmehrheit aus eigenen Stücken eine Politik der Geldwertstabilität betreibt. Letztlich ist aber auch für die Handlungsfähigkeit des Staates die unabhängige Notenbank von Vorteil, die für stabiles Geld sorgt.

C Der Kapitalmarkt als Koordinator individueller Zukunftspläne

Für das Verhalten des Einzelnen wie für die staatliche Politik besteht das Problem der intertemporalen Koordinierung, sprich: der Abwägung zwischen den Gütern der Gegenwart und den Gütern der Zukunft. Dieses Problem wäre intellektuell und moralisch relativ einfach, wenn die Zukunft sicher wäre. Aber die Zukunft ist ungewiss; sie birgt Chancen und Risiken. Wie aber kann man die Güter der Gegenwart und die der Zukunft richtig abwägen, wenn das Potential der Zukunft ungewiss ist?

Der Einzelne kann im Rahmen seiner heute verfügbaren materiellen Möglichkeiten seine Gegenwartsbedürfnisse befriedigen. Wenn ihm Kredit gegeben wird, kann er sogar mehr ausgeben als er hat. Sein Potential, sich selbst heute zu verwirklichen, wird also dadurch noch erhöht, dass er Teil einer Gesellschaft ist, die ihm einen Teil ihrer Ressourcen zur Verfügung stellt im Austausch gegen die Übertragung künftiger Ressourcen des Individuums an die Gesellschaft, an die Gläubiger.

Wenn es nur vom Kreditnehmer abhinge, dass er Darlehen bekommt, dann könnte der Einzelne ohne weiteres den Beginn eines Plans verwirklichen, an den er vielleicht glaubt, der aber bei einigermaßen vernünftiger Einschätzung auf Dauer nicht durchführbar ist. Wir alle sind geneigt, uns Hoffnungen zu machen, die im Grunde unrealistisch sind. Wir alle bedürfen der ständigen Abgleichung unserer Zukunftserwartungen mit denen der anderen Mitglieder der Gesellschaft.

Wer für die Durchführung seines Plans der Darlehen oder sonstiger Hilfen anderer bedarf, der muss diesen Plan dem Urteil dieser anderen unterwerfen. Seine Handlungsautonomie ist insofern eingeschränkt, als die Hilfe der anderen bedeutet, sich auf solche Pläne zu beschränken, die »auf dem Boden der Realität« stehen. Der Boden der Realität ist eben die sozial kontrollierte Zukunftseinschätzung, ist das Ergebnis der Abgleichung der Zukunftserwartungen des Planenden mit den Zukunftserwartungen derjenigen, deren Hilfe er für die Durchführung seines Planes braucht.

Da die Zukunft ungewiss ist, kann man Zukunftspläne nicht einfach in zwei objektiv feststehende Rubriken »realistisch« und »unrealistisch« einteilen. Aber aus dieser Unmöglichkeit folgt nicht, dass es nicht sinnvoll wäre, diesen Prozess der Abgleichung von Zukunftserwartungen zu vollziehen. Diese ständige Abgleichung ist ein unentbehrlicher sozialer Prozess, wenn überhaupt die Koordination der Zukunftspläne der Einzelnen zu einem einigermaßen sinnvollen Ganzen gelingen soll.

Dieser Abgleichungsprozess funktioniert immer nur unvollkommen. Der Reiche, der sich auf Pläne beschränkt, bei denen er die Hilfe und Zustimmung anderer nicht braucht (außer in dem trivialen Sinn, dass er sich ihre Hilfe gegen Barzahlung kaufen kann), dieser Reiche kann in diesem Rahmen seine Spleens durchsetzen. Fällt er damit herein, dann verliert er einen Teil seines Vermögens. Andererseits kann es vorkommen, dass er – entgegen der Meinung der Mehrheit – mit seinen Ideen recht behält. Dies mag seinen Reichtum vermehren; dies mag ihn psychisch befriedigen. Es bedeutet gleichzeitig aber in der Regel einen Beitrag zum Wohlstand der anderen, zur Erweiterung des Handlungspotentials der Gesellschaft. Privater Wohlstand und damit einhergehend – relative – Unabhängigkeit von der Meinung der anderen ist eine der wichtigen Quellen der Soziodiversität (ein Begriff, den ich im Anschluss an den Begriff der Biodiversität gebildet habe und den ich im sechsten und im dreizehnten Kapitel weiter verwenden werde), und so auch des Innovationspotentials der Gesellschaft.

Aber häufiger als diese sozial produktive Form des Abweichens von den Mehrheitserwartungen ist wohl die reine Vermögensvernichtung, die darauf beruht, dass der Reiche entweder das heutige Leben in vollen Zügen genießt, in der unrealistischen Erwartung hoher Renditen seines verbleibenden Vermögens oder einer Marotte sein Geld opfert, die sich letztlich eben nicht als glänzende Innovation, sondern als unrealistisches Projekt herausstellt. Von der philanthropischen Tätigkeit des Reichen, von seinem Mäzenatentum soll hier nicht weiter gesprochen werden, da sie für unser Thema nicht direkt bedeutsam ist.

Es ist der Regelfall, dass Pläne von solchen, die finanzielle Hilfe anderer benötigen, nur dann verwirklicht werden, wenn sie über einen entsprechenden Abgleichungsprozess der Zukunftserwartungen zu »realistischen« Plänen geworden sind, d. h. zu solchen Plänen, deren Verwirklichungschance aus der Sicht verständiger Partner und Ratgeber gross ist.

Diese Aussage kann – das sei als methodische Bemerkung eingefügt – überprüft werden, obwohl die Zukunft ungewiss ist. Zwar kann dem einzelnen Plan nach objektiven Kriterien ex ante häufig nicht angesehen werden, ob er realistisch ist oder nicht. Aber man kann ex post überprüfen, ob die Rechnung bei der grossen Mehrheit der Pläne aufgegangen ist, die mit Hilfe finanzieller Unterstützung Dritter (durch Darlehen, Bürgschaften, Beteiligung) in Gang gesetzt worden sind. Ein in normalen Zeiten prosperierendes Finanzsystem ist Beweis dafür, dass die Mehrheit der finanzierten Projekte realistisch war.

Der Finanzsektor ist ein Wahrheitsmechanismus der Gesellschaft. Er funktioniert zwar nur unvollkommen, dennoch leistet er einen wesentlichen Beitrag zum Herausfiltern realistischer Pläne aus dem Pool aller Zukunftspläne der Bevölkerung. Er leistet einen wesentlichen Beitrag zur Zerstörung von Wolken-Kuckucks-Heimen, zu deren ständiger Errichtung wir alle als Individuen neigen.

Dass diese Filterfunktion professionell wahrgenommen wird, ist nicht selbstverständlich. Die heutigen Institutionen des enorm gewachsenen Finanzsektors sind das Ergebnis eines jahrhundertealten Evolutionsprozesses. In früheren Zeiten gab es wesentlich weniger Möglichkeiten, seine Pläne mit Hilfe von finanziellen Beiträgen Dritter zu verwirklichen. Der Beitrag der Gesellschaft – außerhalb der Familie – zur individuellen Planverwirklichung war gering. Viel weniger – auch realistische – Pläne konnten deshalb verwirklicht werden als heute.

D   Innovation

Empirisch ist über allen Zweifel erhaben, dass die wettbewerbliche Marktwirtschaft das Wirtschaftssystem ist, in dem es weitaus am meisten Veränderung gibt, in dem der technische und organisatorische Fortschritt am besten gedeiht. Natürlich gibt es auch in der

Marktwirtschaft Hemmnisse gegen Veränderung. Es ist sicher nicht falsch zu sagen, dass in 80% der Unternehmen wichtige Veränderungen in der Organisation erst dann zustande kommen, wenn der Wettbewerb einen dazu zwingt. Auch in kapitalistischen Unternehmen besteht die Tendenz, beim Alten zu verharren, Neues zu meiden.

Aber wenn nur ein Unternehmen unter vielen eine Neuerung versucht, dann hat diese Neuerung Chancen, sich durchzusetzen, vorausgesetzt, sie bringt denen letztlich Vorteile, die sie mitmachen. In der Marktwirtschaft ist bei gesicherten Eigentumsrechten die Wahrscheinlichkeit sehr gross, dass eine Veränderung, die denen Vorteile bringt, die sie einführen, auch der grossen Mehrheit der Bevölkerung Vorteile bringt. Wenn nämlich durch gesichertes Eigentum Raub und Diebstahl ausgeschlossen oder doch relativ selten sind, dann kann eine Veränderung, die für einen selbst vorteilhaft ist, in der Regel nur darin bestehen, dass man direkt oder indirekt auch anderen zusätzlichen Nutzen verschafft. Wer ein neues Produkt in den Markt bringt, kann damit nur Geld verdienen, wenn die Kunden Vorteile aus dem Produkt ziehen, die den Aufwand zur Entwicklung des Produkts übersteigen. Wer durch Rationalisierung des Produktionsprozesses die Kosten senkt, trägt spätestens dann zu einer Senkung des Preises bei, wenn seine Innovation von den Konkurrenten nachgemacht wird und somit der Wettbewerb dafür sorgt, dass der Preis sich den nunmehr niedrigeren Kosten anpasst. Gewiss mag eine solche Rationalisierung einigen Menschen den Arbeitsplatz kosten. Aber in einer Marktwirtschaft mit insgesamt guter Beschäftigung ist dieser Schaden ein vorübergehender, der behoben ist, wenn die freigesetzten Arbeitnehmer neue Arbeit gefunden haben. Der resultierende Vorteil des höheren Lebensstandards der Konsumenten ist demgegenüber dauerhaft.

Einer der Gründe für die gesellschaftliche Fruchtbarkeit von Innovationen ist auch, dass fast jede Innovation das Potential für weitere Innovationen mit sich bringt. Zum Beispiel ist das Verwendungspotential eines neuen Produkts zum Zeitpunkt seiner Markteinführung noch keineswegs ausgeschöpft. Durch die Markteinführung werden vielfach andere Erfinder und Innovatoren veranlasst, dazu komplementäre Produkte zu entwickeln, die die Verwendungsmöglichkeiten des ersten Produkts wesentlich steigern. Beispielsweise ist das Elektrizitätsnetz eingeführt worden, um elektrische Beleuchtung zu ermöglichen. Nachdem es einmal da war, wurden die ganzen elektrisch betriebenen Haushaltsgeräte wie Kühlschrank, Staubsauger, Waschmaschine, Elektroherd etc. entwickelt, die das Stromnetz schon voraussetzten. Hierdurch ist die Breite der Anwendungen der Elektrizität im Verlauf der Zeit stark angewachsen.

Eine innovationsfreundliche Gesellschaftsordnung ist eine, in der der Konformitätsdruck sich in Grenzen hält. Würde zum Beispiel über jede Änderung des Wirtschaftsablaufs demokratisch entschieden, dann wäre der Konformitätsdruck sehr hoch. Ehe eine Innovation eine demokratische Mehrheit erhielte, würde jeweils eine sehr lange Zeit vergehen. Das Ungewohnte, Neue, wird zuerst skeptisch beurteilt. Soll nun gar Geld investiert werden, so tut sich das neue Projekt besonders schwer. Macht es gar bisher existierenden Aktivitäten Konkurrenz, dann regt sich Widerstand von Interessengruppen, von Produzenteninteressen. Diese aber geben, wie wir im letzten Kapitel dargestellt haben, in der Demokratie den Ton an. Eine sozusagen »durchdemokratisierte« Wirtschaft wäre eine Wirtschaft der Stagnation, praktisch ohne Innovationen. So wichtig und unverzichtbar Demokratie für die Regulierung des staatlichen Bereichs moderner Gesellschaften ist, so wichtig ist es auch, die Grenzen des demokratischen Mehrheitsprinzips zu erkennen. Die Innovationskraft eines Systems beruht auf der Entfaltungsfreiheit von jeweiligen Minderheiten andersdenkender Personen. *Nur in der wettbewerblichen Marktwirtschaft mit der Freiheit unternehmerischer Initiative gedeihen Innovationen und findet zugleich eine Verhaltenskoordination im Interesse aller Wirtschaftsteilnehmer statt.*

E   Wettbewerbszwang und unternehmerische Freiheit

Im ersten Kapitel hatten wir dargelegt, dass der Wettbewerb für die Produzenten ein Zwangssystem ist, der sie veranlasst, sich den Wünschen der Konsumenten gefügig zu machen. Diese Aussage soll hier ergänzt werden durch den Aspekt der Innovation. Wer als Unternehmer über hinreichend viele Eigenmittel verfügt, besitzt einen gewissen Grad an unternehmerischer Freiheit. Er kann eine Weile lang und auch nur bis zu einem gewissen Grade dem Wettbewerbsdruck ausweichen, indem er bewusst auf eine kurzfristige Maximierung der Gewinne verzichtet. Das geht zwar auf Kosten seines Eigenkapitals und stößt schließlich auf den massiven Widerstand der Kreditgeber. Aber vorübergehend ist es möglich.

Diese vorübergehende und partielle Emanzipation vom Zwangssystem des Wettbewerbs kann das Unternehmen mit hinreichend grossen Eigenmitteln dazu benutzen, Innovationen zu versuchen. Diese Innovationen kosten in vielen Fällen anfänglich Geld. In der Regel kann man dieses Geld nicht in der Form von Krediten bekommen. Deshalb werden Innovationen ganz überwiegend von etablierten Unternehmen mit einer hinreichenden Eigenkapitalbasis finanziert. Es gibt für bestimmte Innovationen auch die Möglichkeit, dass sie von Dritten gegen die Einräumung einer Beteiligung finanziert werden. Der moderne Begriff hierfür ist »Venture Capital«. Aber rein quantitativ stammen die überwiegenden Finanzmittel für Innovationen aus den einbehaltenen Gewinnen von Unternehmen.

Die partielle Befreiung der Produzenten vom Wettbewerbszwang durch die Verfügbarkeit von Eigenmitteln erfüllt also eine wichtige gesellschaftliche Funktion. Es wird hier Vermögen von meist überdurchschnittlich wohlhabenden Personen – den Gesellschaftern solcher Unternehmen – nicht für Konsumzwecke, sondern für die Finanzierung von Innovationen eingesetzt. Diese Innovationen führen zu einem steigenden Lebenstandard der Bevölkerung.

F   Die Führungsrolle des dezentralen Prinzips

Der Staat, die Politik repräsentieren die zentralisierenden Kräfte der Gesellschaft. Das Individuum, die Wirtschaft repräsentieren die dezentralen Kräfte der Gesellschaft. Komplexe Systeme wie moderne Gesellschaften unterliegen den Grundgesetzen der Evolution. Sie können nicht von einer Zentrale her entworfen und gesteuert werden. *Die Führungsrolle in der Weiterentwicklung eines komplexen Systems übernehmen immer die dezentralen Kräfte. In den modernen, arbeitsteiligen Gesellschaften sind dies vor allem die Wirtschaft und die Wissenschaft. Ihnen kommt die initiative, progressive Rolle, dem Staat die reaktive, stabilisierende Rolle zu. Es ist sinnlos, gegen dieses tiefsitzende Grundgesetz der gesellschaftlichen Evolution anzukämpfen.*

4. Demokratie und Markt

»Denn eben, wo Begriffe fehlen,
da stellt ein Wort zur rechten Zeit sich ein.«

Goethe, Faust I

A   Was soll das heißen: Primat der Politik?

Die Globalisierungsdiskussion ist unter anderem mit der Parole geführt worden, es müsse ein Zustand wieder erreicht werden, in dem
nicht die Wirtschaft, sondern die Politik den Primat habe. Mit diesem Primat der Politik ist offenbar gemeint, dass es Sache der Politik
und nicht des Wirtschaftsgeschehens sei, unsere Lebensverhältnisse
zu gestalten. Was die Formulierung eines Primats der Politik eigentlich genau heißen soll, bleibt allerdings unklar.

Weshalb überhaupt eine solche Forderung? Unter Hitler hat es
einen Primat der Politik gegeben. Totalitäre Regimes leben grundsätzlich von der Unterordnung aller anderen Lebensbereiche unter
die Politik. Diese Art von Primat der Politik kann aber nicht gemeint
sein. Offenbar hängt der Primat der Politik als legitime Forderung
davon ab, wie die Politik selbst verfasst ist.

Die heutige Forderung nach dem Primat der Politik steht in der
Tradition der abendländischen Demokratie. In dieser Tradition legi-
timiert sich die Politik durch ihre Verankerung im Willen des Vol-
kes. Derselben Tradition entspricht aber auch die Begrenzung der
Staatsmacht, der Schutz des Individuums davor, im Übermaß Mani-
pulationsgegenstand der Politik zu werden. Totalitäre Vereinnahmung des Individuums ist selbst dann nicht zu rechtfertigen, wenn
diese Vereinnahmung dem Mehrheitswillen der Bevölkerung entspricht, wie etwa im Jahre 1935 in Deutschland, als die grosse Mehrheit der deutschen Bevölkerung Hitlers Politik unterstützte. In dieser politischen Tradition gibt es neben dem Demokratieprinzip zu-

gleich auch den Primat des Individuums gegenüber dem Staat, gibt es die verfassungsmäßig garantierten Grundrechte, gibt es die Menschenrechte. Legitime Formen der Demokratie kann es in unserer westlichen Tradition nur dort geben, wo die Willensbildung im Staat sich von einer Willensbildung frei entscheidender Menschen ableiten lässt. Die Freiheit des Bürgers – auch gegen die demokratische Mehrheit – ist notwendige Voraussetzung eines jeden legitimen Primats der Politik.

B Die entpolitisierte Wirtschaft, also Marktwirtschaft, ist Voraussetzung von Demokratie

Demokratie ist nach modernem Verständnis nicht nur Herrschaft der Mehrheit. Sie umfasst auch einen möglichst freien Austausch und Kampf der Meinungen. Ideal ist bei den Staatstheoretikern immer das Konsensprinzip gewesen. Entscheidungen sollen in der Gesellschaft so gefällt werden, dass alle Mitglieder der Gesellschaft diesen Entscheidungen zustimmen. Konsens wird erkenntnistheoretisch auch als eine Art Wahrheitstest angesehen. Für ein funktionsfähiges demokratisches Staatswesen ist Einstimmigkeit jedoch kein praktikables Prinzip. Das Mehrheitsprinzip als Entscheidungsprozedur hat sich als praktikabel erwiesen. Aber Mehrheit ist nicht Wahrheit.

Das Mehrheitsprinzip erlaubt trotz einer gewissen Verankerung der Entscheidung im Volkswillen doch relativ zügige Entscheidungen, wie sie in modernen Staatswesen erforderlich sind. Dies allerdings deshalb, weil die parlamentarische Mehrheitsentscheidung in der Praxis mit solchen Disziplinierungsmechanismen wie Fraktionszwang und ähnlichen Erscheinungen des Parteienstaats beschleunigt werden kann.

Der demokratische Parteienstaat mit seinen gesamten Begleiterscheinungen der Ämterpatronage, der parteipolitisch motivierten Begünstigung und Diskriminierung wäre unerträglich ohne ein umfassendes, vielfältiges Forum freier, öffentlicher Diskussion. Gerade weil Mehrheit nicht Wahrheit ist, bedarf es dieser freien Diskussion als Korrelat des Mehrheitsprinzips. So können Auswüchse und Korruptionen des demokratischen Gemeinwesens kritisiert werden. So kann ein Diskurs über alle interessierenden Fragen ständig stattfinden. So können neue Strömungen in der Gesellschaft Gehör finden und auf diese Weise den Kampf gegen die etablierten Interessen aufnehmen.

Wenn zwar formal Meinungsfreiheit besteht, jedoch in Wirklichkeit die Äußerung abweichender Meinungen von denen bestraft wird, die die Macht haben, dann herrscht keine eigentliche Meinungsfreiheit. Der freie Diskurs ist gestört. Man hört nur »politisch korrekte« Äußerungen. Von einer eigentlichen Demokratie kann nicht gesprochen werden. Das Mehrheitsprinzip degeneriert in die Filzokratie.

Die Demokratie erfordert also, dass es einen Bereich in der Gesellschaft gibt, in dem die Äußerung von Meinungen und die Veröffentlichung von politisch relevanten Informationen vergleichsweise sanktionsfrei erfolgen kann. Dort darf weder die Äußerung abweichender Meinungen negativ, noch die Äußerung konformer Meinungen positiv sanktioniert werden.

In seiner reinen Form absoluter Sanktionsfreiheit wird es diesen Raum nie geben. In aller Regel werden Meinungen von Personen geäußert, die sich durch diese Äußerung auch für sich persönlich eine günstige Wirkung erhoffen. Aber, es kann so etwas geben wie einen vergleichsweise sanktionsschwachen Raum der öffentlichen Diskussion, wo Meinungen und Tatsachen unabhängig von ihrer Opportunität für die jeweiligen Mehrheiten ungestraft öffentlich geäußert und verbreitet werden können. Diesen Bereich können wir den Bereich der Öffentlichkeit oder den Bereich des Politischen nennen.

Ihm steht gegenüber ein Bereich der Gesellschaft, in dem mit Sanktionsschwäche gerade nichts ausgerichtet werden kann. Das ist der Bereich der Wirtschaft. Wie im ersten Kapitel geschildert, leitet sich die hohe Produktivität moderner Marktwirtschaften ab aus der Arbeitsteilung, die mit Hilfe des disziplinierenden Wettbewerbs die Rollenspieler veranlasst, ihre Rolle gut zu spielen. Dieses System ist ein sanktionsstarkes System. Wer seine Rolle gut spielt, wird mit gutem Einkommen belohnt, wer seine Rolle schlecht spielt, wird mit geringem Einkommen bestraft.

Damit ein sanktionsschwacher Bereich des Politischen in der gleichen Gesellschaft Platz hat neben einem sanktionsstarken Bereich der Arbeitsteilung, müssen die beiden Bereiche voneinander getrennt werden. Würden die beiden Bereiche vermischt, so wäre entweder die Wirtschaft nicht mit hinreichend starken Anreizen ausgestattet: eine sanktionsschwache Wirtschaft funktioniert nicht. Oder der politische Bereich wäre mit starken Sanktionen versehen: dann gäbe es keine Meinungsfreiheit. Eine politisierte Wirtschaft schafft entweder Armut oder Unfreiheit, entweder Chaos oder Diktatur.

Gorbatschows Versuch einer Demokratisierung des Sowjetsystems bei Beibehaltung der zentralen Planwirtschaft war zum Scheitern verurteilt. Die Einführung der Meinungsfreiheit, der Koalitionsfreiheit, der Pressefreiheit, des Rechtsstaats nahm dem Staat die Sanktionen aus der Hand, derer er bedurfte, um die zentrale Planwirtschaft funktionsfähig zu erhalten. Wenn durch Rekurs in einem rechtsstaatlichen System die Strafe der Nichteinhaltung von wirtschaftlichen Leistungsnormen in Frage gestellt werden kann, wenn Widerrede gegen die Anordnungen der Zentrale üblich werden, wenn überhaupt die Angst vor der Strafgewalt des zentralistisch aufgebauten Staates sich stark vermindert, dann »tut jeder was er will«. Denn dem zentralen Planungssystem fehlt nun als Ersatz das Disziplinierungsinstrument der Marktwirtschaft: Bezahlung nach volkswirtschaftlich produktiver Leistung, die sich in den Preisen der auf dem Markt zu verkaufenden Güter widerspiegelt.

Die wettbewerbliche Marktwirtschaft ist der Inbegriff eines entpolitisierten wirtschaftlichen Sanktionensystems. Man könnte »Marktwirtschaft« geradezu als entpolitisiertes Wirtschaftssystem definieren. In der Marktwirtschaft sind die wirtschaftlichen Beziehungen zwischen den Bürgern unpolitischer Art. Der Kunde kauft bei dem Bäcker, Metzger oder Brauer ein, der das beste und preiswerteste Brot, Fleisch oder Bier zu bieten hat. Er fragt nicht nach der politischen Einstellung seines Lieferanten. Deshalb kann jeder ein erfolgreicher Bäcker, Metzger oder Brauer sein; es bedarf hierfür keines politischen Gesinnungstests. Die Meinungsfreiheit ist gesellschaftlich genau deshalb und soweit realisierbar, weil und soweit das wirtschaftliche Fortkommen mit der eigenen politischen Gesinnung nichts zu tun hat. Die Meinungsfreiheit setzt den von der politischen Gesinnung nicht verfälschten, den »unverfälschten Wettbewerb« voraus, wie es in anderem Zusammenhang der EG-Vertrag in Artikel 3-g formuliert.

Wir können diesen Befund auch so ausdrücken. Im ersten Kapitel hatten wir herausgearbeitet, dass der Produzent durch den Wettbewerb für die Interessen des Konsumenten eingespannt wird. Der Konsument ist hingegen in der Marktwirtschaft frei in der Auswahl der Produkte im Rahmen seiner finanziellen Möglichkeiten. Seine politischen Auffassungen sind nun sozusagen Teil seines Daseins als Konsument. Da er als Konsument frei wählen kann, solange Wettbewerb der Produzenten herrscht, ist er auch frei als Wähler, als Staatsbürger. Er hat von seinen Lieferanten keine Nachteile zu befürchten, wenn er nicht ihre politischen Auffassungen teilt.

Aus dieser Analyse können wir nunmehr eine wichtige Folgerung ableiten. Ein Staat mit einer demokratischen Verfassung ist nicht mehr frei, mittels demokratischer Mehrheit zu entscheiden, welches Wirtschaftssystem er sich gibt. Würde er sich gegen die wettbewerbliche Marktwirtschaft entscheiden, dann sägte er am eigenen Ast. Die Entscheidung auf Verfassungsebene zugunsten der Demokratie mit einer funktionierenden Öffentlichkeit ist zugleich eine Entscheidung zugunsten der wettbewerblichen Marktwirtschaft.

Fazit unserer Erörterungen ist *das Trennprinzip: Meinungsfreiheit setzt einen sanktionsschwachen Raum des Politischen voraus. Effizientes Wirtschaften setzt einen sanktionsstarken Bereich der Wirtschaft voraus. Beides geht in der selben Gesellschaft nur zusammen, wenn diese beiden Bereiche getrennt sind, wenn die Wirtschaft entpolitisiert ist.*

C   Die Medien als Scharnier zwischen demokratischer Öffentlichkeit und wettbewerblicher Wirtschaft

Im vorangegangenen Abschnitt wurde dargestellt, dass Demokratie Marktwirtschaft voraussetzt. Unter dem Aspekt der Medien als den Hilfsmitteln moderner Form von Meinungsfreiheit kann diese Analyse illustriert werden. Natürlich stehen die beiden Bereiche des Politischen und des Wirtschaftlichen in einer Demokratie nicht beziehungslos nebeneinander. Wir haben im dritten Kapitel von dem Einfluss der wirtschaftlichen Interessengruppen auf die Politik gesprochen. Die Politik greift umgekehrt auch in einer grundsätzlich als

Marktwirtschaft organisierten Wirtschaft vielfach regulierend in die Wirtschaft ein, auch wenn diese grundsätzlich entpolitisiert ist.

Öffentlichkeit ist in einer modernen Demokratie ohne die Medien, ohne die »vierte Gewalt«, wie die Medien auch genannt werden, nicht denkbar. Medienunternehmen sind Unternehmen, die in erster Linie wie andere wirtschaftliche Unternehmen funktionieren. Sie sind auf Gewinnerzielung ausgerichtet und leben deshalb davon, dass sie Kundenbedürfnisse befriedigen, so wie andere Unternehmen auch. Als wirtschaftliche Unternehmen streben sie somit nicht in erster Linie eine bestimmte politische Wirkung an. Wenn sie im Wettbewerb stehen, dann bleibt ihnen in der Regel gar nichts anderes übrig, als sich den Wünschen ihrer Kunden gefügig zu zeigen. Diese jedenfalls haben Vorrang vor der Durchsetzung irgendwelcher politischer Präferenzen der Eigentümer. Genau hierdurch entsteht effektive Meinungs- und Pressefreiheit.

Der politisch wache Bürger und Medienkonsument ist an einer den Tatsachen entsprechenden, an einer objektiven Berichterstattung interessiert. Der Wettbewerb zwischen den Medien macht es dem einzelnen Organ auf Dauer nicht möglich, von einer objektiven Berichterstattung in krasser Weise abzuweichen. Die konkurrierenden Organe würden eine solche Nicht-Objektivität aufdecken und damit dem betreffenden Organ erheblichen wirtschaftlichen Schaden zufügen. Das Qualitätsproblem bei der Nachrichtenverbreitung wird ganz genau so gelöst wie das Qualitätsproblem bei anderen Produkten: der wirtschaftliche Wert eines guten Rufs ist auch bei Zeitungen und elektronischen Medien hinreichend Anreiz für ein gewisses Maß an Objektivität der Berichterstattung.

Auf diese Weise verankert sich auch das Ethos und die Professionalität des Journalisten. Es entsteht nun auch wirtschaftlich der Anreiz, dass seitens der Journalisten und Verleger das Kriterium des beruflichen Erfolgs weniger die Mehrheits-Konformität der Meldung oder Meinung als vielmehr der Wahrheitsgehalt der Meldung und das Niveau der Argumentation in der Meinungsäußerung sind. Es ist dann Platz für ein Ethos des Journalismus, das sich auf seiner Rolle als Beschützer und Förderer der freien Meinungsäußerung gründet.

Es ist also genau das vorrangige Gewinninteresse des im Wettbewerb stehenden Medienunternehmers, wodurch die Meinungsvielfalt und die Objektivität der Berichterstattung als Reflex der Wünsche der Medienkonsumenten garantiert wird. Das dem sanktionsstarken, aber entpolitisierten Bereich der Wirtschaft angehörende Medienunternehmen kann und muss, weil es dem in seiner Medienwahl freien Kunden zu dienen hat, die Interventionsversuche des Staates, der Regierung zurückweisen. Kein anderes Einzelereignis hat dem persönlichen Vermögen von Herrn Augstein mehr genützt, als die »Spiegel«-Affäre von 1962: der missglückte Versuch von Konrad Adenauer und Franz-Josef Strauß mit Polizeigewalt gegen den »Spiegel« vorzugehen.

Welche Bedeutung die wettbewerbliche Marktwirtschaft für die Meinungsfreiheit hat, belegt das folgende historische Ereignis. Der Diener des Königs » Kunde« muss sich gelegentlich Demütigungen gefallen lassen, sofern er ersetzbar ist durch einen Konkurrenten: Der »Spiegel« brachte Anfang der achtziger Jahre die Flick-Affäre hoch. Die Führung des Hauses Flick, zusammen mit einigen Politikern, geriet unter heftigen Beschuss. Das Papier, auf dem der »Spiegel« gedruckt wurde, wurde geliefert von der Papierfabrik Feldmühle. Die Feldmühle gehörte damals zum Flick-Konzern. Da sie unter Wettbewerbsdruck stand und vertragliche Lieferverpflichtungen eingegangen war, musste sie liefern, unbeschadet der Tatsache, dass das Papier in einer Weise bedruckt wurde, die den Eigentümern der Feldmühle nicht recht sein konnte. Der »Spiegel« ist als Papierkunde König und kann das Papier bedrucken, wie er will (außer, dass er wiederum Diener seiner Kunden, der Leser, ist, denen er interessante Nachrichten bieten muss).

Das dieselbe Sache beweisende Gegenbeispiel ist die Art und Weise wie in der späten DDR mit der den SED-Führern unbequemen Reform-Rede Gorbatschows auf dem Parteitag der KPDSU im Jahr 1987 umgegangen wurde. Dort gab es keinen freien Markt für Zeitungspapier. Natürlich konnte das DDR-Regime nicht die Veröffentlichung der Rede des mächtigsten Mannes der Sowjetunion verbieten. So wurde sie zwar veröffentlicht, aber nur in sehr kleiner Auflage. Als Begründung für die geringe Auflage diente »Papiermangel.« Hier zeigt sich, wie ein politisiertes Papierzuteilungssystems jede auf dem Papier stehende Pressefreiheit zunichte machen kann. Pressefreiheit kommt erst voll zur Entfaltung in einem System, in dem die vielen naturwüchsigen Knappheiten ersetzt worden sind durch die eine Knappheit des Geldes. Pressefreiheit ist erst möglich in einer wettbewerblichen Marktwirtschaft.

D Offen bleibt die Bedeutung eines »Primats der Politik«

Wir haben in den Kapiteln 2 und 3 gesehen, dass der gesellschaftliche Entwicklungsprozess in modernen Gesellschaften jeweils durch die Wirtschaft und die schöpferischen Kräfte des Individuums angestoßen, initiiert wird. Die Politik kann angesichts ihrer strukturellen Status quo-Orientierung nur nachziehen, reagieren. In diesem Kapitel haben wir zudem gesehen, dass die Demokratie, recht verstanden, basiert auf einer entpolitisierten Wirtschaft, der wettbewerblichen Marktwirtschaft. Es gibt in einer Demokratie als legitimer Staatsform einen Primat des Individuums. In den kommenden Kapiteln werden wir sehen, dass die nationale Autonomie der Politik durch den Globalisierungsprozess nicht eingeschränkt wird. Dies alles relativiert die Rede vom verlorengegangenen Primat der Politik und von dem Erfordernis seiner Rückgewinnung. Es bleibt unklar, was das bedeuten soll.

Teil II: Spielräume und Anpassungszwänge nationaler Politik in der globalen Wirtschaft

5. Das Phänomen der Globalisierung

> Miranda: »O, wonder!
> How many goodly creatures are there here!
> How beauteous mankind is! O brave new world
> That has such people in't!«
>
> *Shakespeare, The Tempest*

A   Der Prozess der zunehmenden Globalisierung

»Globalisierung« ist ein relativ junges Modewort. Es wurde vor zwei Jahrzehnten zuerst benutzt in der Marketing-Literatur, wo man von der Globalisierung von Marken wie Coca-Cola oder BMW zu sprechen begann. Später bezeichnete man damit mehr und mehr den Vorgang der immer stärkeren globalen wirtschaftlichen Verflechtung. Seit einigen Jahren fasst das Wort die Sorgen all derjenigen zusammen, die in dem historischen Vorgang einer immer weiter wachsenden weltweiten wirtschaftlichen Interdependenz mehr Nachteile als Vorteile sehen.

Mit der politischen Umwälzung von 1989 bis 1991 in den Ländern des früheren Ostblocks ist eine neue Etappe im Prozess der Globalisierung allen Geschehens begonnen worden. Aber wir sollten nicht vergessen, dass es sich hier nur um eine neue Etappe eines seit Jahrhunderten sich vollziehenden Vorgangs handelt. Den Beginn meines Faches als Wissenschaft kann man datieren mit dem Erscheinen des Buches von Adam Smith im Jahre 1776 über den Wohlstand der Nationen. Dies war unter anderem ein Plädoyer für den Freihandel, für die vom Markt vorangetriebene internationale Verflechtung der nationalen Volkswirtschaft. Es war die geistige Begleitung der damaligen neuen Etappe der Globalisierung, die man später die Industrielle Revolution genannt hat.

Jeder neuen Etappe im Prozess weitergehender internationaler Verflechtung und Globalisierung folgt eine neue Etappe des Protektionismus. Auf die Entdeckung Amerikas und neuer Seewege nach Ost-Asien im 16. Jahrhundert folgte die merkantilistische Politik der grossen Handelsmächte Spanien, Frankreich, Niederlande, Großbritannien. Auf Adam Smith folgte Friedrich List mit seinem »Nationalen System der politischen Ökonomie« und seinem Plädoyer für Schutzzölle. Auf den Prozess der steigenden internationalen Verflechtung mit Hilfe der Transportmittel Eisenbahn und Dampfschiff folgte die Bismarcksche Schutzzollpolitik und die amerikanische Schutzzollpolitik. Auf die weltweite Revolution der Informations- und Telekommunikationstechnik, auf die Liberalisierung der Kapitalmärkte, auf die heutige Etappe der wirtschaftlichen Globalisierung folgt die Bewegung für einen neuen Protektionismus, gestützt von Bestseller-Büchern mit Titeln wie »Die Globalisierungsfalle«. Diese Anti-Bewegung gegen die weitere Globalisierung gipfelt in der These, die wirtschaftliche Globalisierung mache die nationale Politik zum Spielball der Weltmärkte und der Weltkonzerne. Die Demokratie als die Staatsform der nationalen Politik werde ausgehöhlt zugunsten der Interessen des Kapitals. In grossen Teilen der Bevölkerung entsteht Angst und Sorge. Die gestiegene Komplexität und Vernetzung der wirtschaftlichen Beziehungen erscheint immer undurchschaubarer. Man erkennt die eigene mangelnde Kompetenz, zu verstehen, was abläuft.

B   Die Freihandelsdoktrin

Im Rahmen dieses Buches können wir auf die technisch-wirtschaftlichen Ursachen für diesen Prozess der zunehmenden Globalisierung nicht eingehen.

Obwohl die Globalisierung ihre wirtschaftlich-technischen Gründe hat, wäre sie nicht so weit gediehen, wenn sich nicht in den vergangenen Jahrzehnten die Doktrin von den wohltätigen Wirkungen des internationalen Handels durchgesetzt hätte. Das System des General Agreement on Tariffs and Trade (GATT), das nach dem zweiten Weltkrieg multilateral errichtet wurde, hat den freien internationalen Handel zum Leitbild gehabt. Es hat zu einer nicht vollkommenen, aber doch weitgehenden Liberalisierung des internationalen Warenhandels geführt. Dadurch erst konnten die grossen internationalen Industriemärkte entstehen, die charakteristisch für die globale Weltwirtschaft sind.

Die Doktrin von den wohltätigen Wirkungen eines freien internationalen Handels ist alt. Sie ist einer der zentralen Bestandteile der Theorie über den Wohlstand der Nationen von Adam Smith. Sie ist von der akademischen Wissenschaft der Ökonomie seither durchgängig mit jeweils grosser Mehrheit vertreten worden. Das klassische Argument für den Freihandel ist dasselbe wie das für die Marktwirtschaft überhaupt: der Freihandel erlaubt die Spezialisierung jeder Nation auf ihre jeweiligen Stärken, auf ihre jeweiligen komparativen Vorteile. Dadurch wird nicht nur insgesamt das Weltsozialprodukt gesteigert, sondern es profitiert davon auch jede einzelne Nation. Indem sie sich durch das Marktgeschehen auf die Herstellung von Gütern konzentriert, die sie billiger als andere herstellen kann, kommt sie billiger auch an die Güter, bei denen andere Nationen einen Produktionsvorteil haben: sie kann diese anderen Güter von diesen anderen Nationen billiger erwerben als sie sie selbst zu produzieren in der Lage wäre.

Das Lager der Gegner des Freihandels, der »Protektionisten« hat gegen dieses Argument zahlreiche Einwände erhoben, die hier nicht im Detail diskutiert werden sollen. Wissenschaftlich respektabel sind insbesondere die Einwände, die sich auf sogenanntes »Marktversagen« der internationalen Wirtschaft berufen. Wenn im Marktgeschehen die Preise der Güter von den Erzeugungskosten abweichen, die die Gesellschaft als ganze zu tragen hat, dann führt das System der Märkte nicht zum optimalen Ergebnis, weil die Preise dann verzerrte Signale über die Kosten darstellen. In diesem Fall kann man am theoretischen Modell zeigen, dass ein Staat mit überlegenem Wissen und perfekt funktionierender Politik-Maschine für das eigene Land ein besseres Ergebnis erzielen kann als der freie Markt.

Vom modernen wissenschaftlichen Standpunkt aus erscheint es allerdings problematisch, in einem Denkmodell zu arbeiten, das zwar die Imperfektionen des Marktes im Einzelnen darlegt, das aber zugleich von einer perfekt funktionierenden Staatsmaschine ausgeht. Wenn der Staat perfekt funktionierte, dann bräuchte man überhaupt keinen Markt. Erst die Unvollkommenheiten des politischen Mechanismus begründen die Notwendigkeit einer Marktwirtschaft. Da der historische Versuch, ohne Märkte auszukommen, für jedermann offensichtlich 1989 gescheitert ist, kann eine Theorie der internationalen Wirtschaft zumindest seit 1989 nur sinnvoll sein, wenn sie die Mängel des politischen Prozesses neben denen des Marktes explizit berücksichtigt. Natürlich kann hier eine solche Theorie nicht dargestellt werden. Einige Strukturprobleme staatlicher Politik sind im Kapitel 2 angesprochen worden.

Märkte funktionieren umso besser, je stärker sie durch Wettbewerb gekennzeichnet sind. Wenn von protektionistischer Seite gegen das Freihandelsargument unter anderem vorgebracht wird, dass die in Frage stehenden Märkte eben nicht durch Wettbewerb geprägt sind, dann ist dieses Argument theoretisch richtig und in manchen Fällen auch empirisch zutreffend. Andererseits erhöht die geographische Ausdehnung der Märkte durch Öffnung der Grenzen gerade deren Wettbewerbsintensität. Die heilsame Wirkung stärkeren Wettbewerbs steht als Vorteil des Freihandels neben dem oben besprochenen Nutzen der Spezialisierung.

Die Wirtschaftsgeschichte der Zeit seit dem zweiten Weltkrieg zeigt sehr eindeutig, dass der freie Welthandel unter dem Regime des General Agreement on Tariffs and Trade (GATT) von entscheidender Bedeutung für die Prosperität der Industrieländer gewesen ist. Für ein Land wie Deutschland kann dies exemplarisch kurz dargelegt werden. Die darniederliegende deutsche Industrie der Nachkriegszeit konnte ihren Wiederaufbau und ihr Wachstum nur bewerkstelligen, weil sie im Rahmen eines sich (wieder) entwickelnden Systems des freien internationalen Warenhandels ihre Produkte exportieren und so die erforderlichen Importe für die deutsche Volkswirtschaft finanzieren konnte. Das deutsche »Wirtschaftswunder« war ein Paradebeispiel für das, was in der ökonomischen Wissenschaft »export-led growth« genannt wird. Bei aller Bedeutung des Marshall-Plans für den wirtschaftlichen Neubeginn in Europa sollte nicht vergessen werden, dass der entscheidende Impuls für den europäischen Wachstumsprozess vom freien internationalen Warenaustausch ausging.

Entsprechende Beobachtungen gelten für das wirtschaftliche Wachstum in den asiatischen Ländern, beginnend mit Japan in den fünfziger Jahren, sich fortsetzend mit Taiwan, Süd-Korea, Hongkong, Singapur und sich verbreiternd auf Thailand, Malaysia, Indonesien, Philippinen, China, Indien, Vietnam. Auch hier sieht man die segensreichen Wirkungen eines für die eigenen Produkte erreichbaren Weltmarkts, der einerseits ein harter und erbarmungsloser Lehrmeister, andererseits ein generöser Wohltäter und Helfer für den ist, der sich selbst hilft. Nirgendwo ist das Prinzip »Hilfe zur Selbsthilfe« konsequenter durchgeführt als auf dem freien Weltmarkt. Umgekehrt zeigen die Beispiele der Abkapselung vom Weltmarkt die verheerenden Folgen einer Erstarrung der Gesellschaft, in der der internationale Wettbewerbsdruck ausgeschaltet wurde. Lateinamerika, das China Mao Tse Tungs, der Sowjetblock sind hierfür die schlagenden Beispiele.

Die historische Erfahrung der letzten Jahrzehnte belegt also sehr deutlich, dass der durch Freihandel intensivierte Wettbewerb für die Leistungskraft einer Volkswirtschaft von besonderer Bedeutung ist. Diese historische Erfahrung ist aber auch ein ganz wesentlicher Grund dafür, dass man an dem System des Freihandels festgehalten hat und so eine der wichtigen Voraussetzungen einer weiteren Globalisierung erhalten und gefestigt hat.

C Bewirkt die Globalisierung Arbeitslosigkeit in Mitteleuropa?

Die in den neunziger Jahren erfolgte weitere Einbeziehung von Ländern mit niedrigem Lebensstandard in den Weltmarkt hat in den reichen Ländern zu der heutigen Angst vor der Globalisierung geführt. Da in den Industrieländern gleichzeitig entweder steigende Arbeitslosigkeit oder, wie in den USA, steigende Ungleichheit der Einkommen zu beobachten ist, hat man dies der Globalisierung angelastet. Die grossen Massen unqualifizierter Arbeit in den Ländern der Dritten Welt nähmen den Arbeitskräften in den Industrieländern entweder die Jobs weg oder zwängen sie zu Lohnkonzessionen gegenüber ihren Arbeitgebern, da diese mit der Verlagerung der Betriebe in

Niedriglohn-Länder drohen können. Ist also die Globalisierung von Nachteil für die Arbeitnehmer in den reichen Ländern?

Es gibt ein Weltbeschäftigungsproblem. Das Arbeitsangebot ist in der Welt grösser als die Arbeitsnachfrage. Demgegenüber ist der komplementäre Faktor Kapital knapp. Die Spar- und Investitionstätigkeit der Weltbevölkerung hat in der Vergangenheit nicht ausgereicht, um genügend Kapital für genügend zahlreiche rentable Arbeitsplätze zur Verfügung zu stellen. Je kapitalintensiver im Weltdurchschnitt produziert wird, desto grösser ist die Lücke zwischen erforderlichem und vorhandenem Kapital. Die Verlagerung von Arbeitsplätzen etwa in der Textil- und Bekleidungsindustrie von Deutschland in die Dritte Welt bedeutet in der Regel den Übergang von kapitalintensiver zu weniger kapitalintensiver Produktion. So werden durch diese Verlagerung mehr Arbeitsplätze geschaffen als verlorengehen, da die erforderliche Kapitalausstattung der Arbeitsplätze zurückgeht. Für das Weltbeschäftigungsproblem ist diese Verlagerung eine gute Sache.

Ob in Deutschland genügend Arbeitsplätze vorhanden sind, das hängt davon ab, wie das Verhältnis zwischen Arbeitsproduktivität und Lohnkosten in Deutschland relativ zum Ausland ist. Je höher die Arbeitsproduktivität ist, desto konkurrenzfähiger ist die deutsche Wirtschaft, desto mehr Arbeitsplätze wird es in Deutschland geben. Je niedriger die Lohnkosten sind, desto konkurrenzfähiger ist die deutsche Wirtschaft, desto mehr Arbeitsplätze wird es in Deutschland geben.

Deutschland steht in der weltweiten Lohnkonkurrenz. Da es ein Überangebot an Arbeit und eine Knappheit an Kapital gibt, wird Beschäftigung dort geschaffen, wohin das Kapital wandert. Das Kapital wandert der Tendenz nach dahin, wo das Verhältnis von Arbeitsproduktivität und Lohnkosten am günstigsten ist. Diese internationale Lohnkonkurrenz führt weltweit zu einer Tendenz niedriger Löhne. Weil in der Vergangenheit die Märkte weniger offen waren, war damals die Lohnkonkurrenz erheblich geringer. Zu Breschnews und Maos Zeiten fielen der Ostblock und China als Wettbewerber in der Lohnkonkurrenz aus.

Kapital, das knapp ist, ist nicht nur Sachkapital, sondern auch Humankapital. Die Marktlöhne für schlecht qualifizierte Arbeit sind niedrig. Die Marktlöhne für gut qualifizierte Arbeit sind hoch. Dort, wo die staatlichen Vorschriften und gewerkschaftlichen Einflüsse eine grosse Lohnspreizung, also Marktlöhne zulassen, wie in den USA, gibt es genug Beschäftigung für niedrig qualifizierte und zugleich sehr gute Löhne für richtig qualifizierte Arbeitskräfte. Die Globalisierung steigert die Knappheitsprämie für richtig qualifizierte Arbeitskräfte. Deutschland ist vergleichsweise gut ausgestattet mit Humankapital. Die hohen deutschen Durchschnittslöhne sind Folge einer hohen Produktivität der deutschen Industrie und vieler deutscher Dienstleistungsbranchen. Und diese hohe Produktivität ist Spiegelbild der guten Ausstattung mit Humankapital. Je höher die Rendite für Kapital, also auch für Humankapital, desto höher sind die Durchschnittslöhne in Deutschland. Deutschlands komparativer Vorteil in der Weltwirtschaft liegt bei den Investitionsgütern, deren Herstellung viel Humankapital erfordert. Je intensiver die Lohnkonkurrenz im Weltmarkt, je höher die Gewinne in der Welt, desto höher die Investitionen in Anlagen, Maschinen und Automobile, desto besser für die Exporte Deutschlands, desto höher die Durchschnittslöhne hierzulande. Der deutsche Arbeitnehmer kann im Durchschnitt von der Globalisierung nur profitieren. Der qualifizierte deutsche Arbeitnehmer ist vor allem eins: Kapitalist, genauer: Humankapitalist. Er profitiert von der Überlegenheit des Kapitals in der gegenwärtigen Weltlage.

Wenn aber die deutschen Arbeitnehmer im Durchschnitt von der Globalisierung profitieren, wenn die deutschen Unternehmer von der Globalisierung profitieren, dann gilt dies über das Umverteilungssystem in Deutschland für alle Einwohner. Durch die höheren Einkommen der Besitzer von Kapital und Humankapital sind die Abgaben an den Fiskus höher, und die Beiträge zur Sozialversicherung höher. Und so kann der Sozialstaat alle mit höheren Leistungen beglücken. Es ist sehr unwahrscheinlich, dass der Lebensstandard der Geringverdiener in Deutschland höher wäre, wenn mangels der Vorteile der Globalisierung für die Durchschnittseinkommen die Staatseinnahmen und die Einnahmen der Sozialversicherung wesentlich niedriger wären als heute. Wenn durch die Globalisierung in Deutschland mehr Ungleichheit entstanden sein sollte, dann nicht dadurch, dass die Einkommen der Geringverdiener abgenommen, sondern dadurch, dass die Einkommen der Gutverdiener zugenommen haben.

D   Das multinationale Unternehmen

Der Internationalisierung der Wirtschaft entspricht der Trend vom national geprägten zum multinational geprägten Großunternehmen. Es ist nicht zuletzt der traditionelle Protektionismus der entwickelten Nationalstaaten gewesen, der schon in den frühen Jahrzehnten dieses Jahrhunderts zahlreiche Unternehmen gezwungen hat, Produktionsstätten in zahlreichen Ländern zu errichten, weil die Importe in jene Länder massiv behindert wurden. So gibt es seit langem Unternehmen, deren Mitarbeiter verschiedene Nationalität haben, obwohl jeder meist in seinem eigenen Land tätig ist. Schon lange gab es allerdings auch zwei britisch-niederländische Konzerne mit quasi paritätisch besetztem Top-Management und paritätischen Großaktionären (Royal-Dutch/Shell, Unilever). Aber von diesen beiden Ausnahmen abgesehen sind Unternehmen mit eigentlich internationaler Zusammensetzung des Top-Management und des Aufsichtsrats erst durch Fusionen des letzten Jahrzehnts, verstärkt in den letzten beiden Jahren entstanden. Zu nennen sind hier insbesondere ABB, entstanden 1987 aus der schwedischen Asea und der schweizerischen Brown-Boveri, mehrere Pharma-Konzerne, die durch transatlantische Fusionen der letzten Jahre gebildet wurden, sowie Daimler-Chrysler im Automobilbereich.

Aber auch die nach wie vor in der Überzahl befindlichen national geprägten Großunternehmen sind, sofern sie auf den internationalen Märkten tätig sind, in ihrer inneren Struktur einander immer ähnlicher. Früher vorhandene nationalspezifische Unterschiede verwischen sich allmählich. Und immer mehr Unternehmen suchen sich ihren Elite-Nachwuchs aus Absolventen international orientierter Management-Hochschulen, wobei die Nationalität des Bewerbers in der Regel kein entscheidender Gesichtspunkt ist. Der Geist dieser Unternehmen ist heute international, kosmopolitisch. Sie fühlen sich verantwortlich einem zunehmend international zusammengesetzten Aktionärskreis.

Man kann sagen, dass der Erfolg dieser Unternehmen in der Zeit der Globalisierung gerade auch auf diesem kosmopolitischen Geist beruht. Und dieser kosmopolitische Geist ist ein Vorbote der Mentalität, die letztlich auch Garant einer friedlichen Weltgesellschaft ist. Der Marxismus hatte sich einst die Revolution von der Internationale der Arbeiterschaft erhofft. Faktisch ist keine Internationale der Arbeiterschaft entstanden. Demgegenüber ist das Kapital in seinen verschiedenen Erscheinungsformen heute eine Art »Internationale«. Über diese werde ich im Kapitel 9 noch etwas detaillierter schreiben.

Gegen die multinational tätigen Unternehmen wird vielfach harsche Kritik vorgebracht. Diese werde ich hier nicht im Einzelnen abhandeln. Es ist klar, dass diese Unternehmen einer Maxime des Profits unterworfen sind. Das allerdings unterscheidet sie nicht von anderen, rein national tätigen, vielleicht kleineren Unternehmen und Unternehmern. Zwar haben sie insofern weitere Handlungsmöglichkeiten als nationale Unternehmen, als sie sich in einem gewissen Ausmaß Produktionsstandorte und Märkte aussuchen können. Aber die Kriterien dieser Auswahl sind weitgehend rational und insofern ist ihr Verhalten berechenbar: wer gute und preiswerte Arbeitskräfte, eine gute Kommunikations- und Transport-Infrastruktur, passable Lebensverhältnisse für international tätige Manager und günstige steuerliche Bedingungen bietet, der steht im internationalen Standort-Wettbewerb gut da.

In der Praxis stellt sich heraus, dass die international tätigen Unternehmen in ihrer grossen Mehrheit einen gewichtigen Beitrag zur Steigerung des Lebensstandards der Bevölkerung des Gastlandes leisten. Ich beschränke mich auf Länder der Dritten Welt. In aller Regel zahlen die international tätigen Unternehmen wesentlich höhere Löhne als die heimische Wirtschaft. Sie können sich auf diese Weise eine loyal mitarbeitende heimische Arbeitnehmerschaft heranziehen. Die international tätigen Unternehmen sind auch bereit, ehrlich ihre Steuern nach dem Gesetz zu entrichten. Sie können sich den Ruf eines Steuerhinterziehers nicht leisten. Demgegenüber ist es in Ländern der Dritten Welt notorisch schwierig, den heimischen Mittelstand zum Steuerzahlen zu bringen.

Ich möchte die internationalen Unternehmen keinesfalls heroisieren. Sie sind, wie alle grossen Organisationen, in vieler Hinsicht problematisch. Es gibt ohne Zweifel viel an Unfrieden, Intrigen und unnötigem Bürokratismus. Und sie sind alles andere als Wohltätigkeitsveranstaltungen. Man könnte auch ihre sehr ausgeprägte Wachstumsorientierung kritisieren, wenn man nicht meint, wie ich es in Kapitel 12 darlegen werde, dass Wachstum unser Schicksal ist.

Unter dieser Perspektive ist die Wachstumsorientierung der internationalen Unternehmen weltwirtschaftlich sogar günstig. Wie ich in Kapitel 8 zeigen werde, ist die Bildung von Eigenkapital durch Reinvestieren von Gewinnen ein entscheidender Wachstumsmotor der Weltwirtschaft. Er ist unverzichtbar für die Schaffung von mehr Arbeitsplätzen. Wenn internationale Unternehmen durch Reinvestieren ihrer Gewinne weiter wachsen, dann schaffen sie zusätzliche rational organisierte Strukturen der internationalen Kooperation, die ohne Zweifel sehr nützlich sind, um der wachsenden Weltwirtschaft gut ausgebildete, kosmopolitisch orientierte Arbeitskräfte zur Verfügung zu stellen.

Das Wachstum der internationalen Unternehmen hat bisher nur in den seltensten Fällen dazu geführt, dass der Wettbewerb ernstlich gefährdet wurde. In den meisten Märkten, in denen die internationalen Unternehmen aktiv sind, herrscht intensiver Wettbewerb. Das ist durch die in den letzten beiden Jahren erfolgten Fusionen zwischen grossen Unternehmen nicht wesentlich anders geworden. Nirgendwo, außer im Bau grosser Zivilflugzeuge, gibt es einen Markt, in dem das grösste Unternehmen einen Marktanteil von einem Drittel oder mehr hätte. Angesichts einer recht durchsetzungsfähigen Fusionskontrolle der amerikanischen und europäischen Wettbewerbsbehörden sehe ich die Gefahr einer Ausschaltung des Wettbewerbs auf den internationalen Märkten auch für die Zukunft nicht.

Fazit dieses Kapitels: *Es gibt seit langem wirkende technisch-wirtschaftliche Kräfte, die die Globalisierung antreiben. Die grossen Wachstumserfolge des Freihandels seit dem zweiten Weltkrieg haben diesen als institutionellen Rahmen der Globalisierung fest etabliert. Die Globalisierungsetappe des letzten Jahrzehnts hat das Überangebot an unqualifizierter Arbeit vergrössert. Davon haben die Volkswirtschaften profitiert, die über viel Sach- und Humankapital verfügen, wie Deutschland, Österreich oder die Schweiz. Alle Bevölkerungsteile in Deutschland haben aus der Globalisierung Vorteile gezogen. Die grossen internationalen Unternehmen sind bisher kein Hindernis für die Intensivierung des Wettbewerbs gewesen.*

6. Sozialpolitische Autonomie im globalisierten Markt

> »The fault, dear Brutus, is not in our stars – but in ourselves.«
>
> *Shakespeare, Julius Caesar*

A   Spielräume nationaler Politik

Im ersten Kapitel hatten wir das Verhältnis von Zwang und Freiheit in der Marktwirtschaft entwickelt. Als Produzenten sind wir unter dem Diktat des Wettbewerbs die Knechte unserer Kunden und insofern einem disziplinierenden Zwangssystem unterworfen. Es koordiniert das Verhalten der Produzenten, um daraus ein sinnvolles Ganzes entstehen zu lassen. Und es belohnt gute Leistung, so wie es schlechte Leistung oder das Ausbleiben der Leistung bestraft. Adam Smith spricht von der »unsichtbaren Hand«, die den Unternehmer leitet, sich im Interesse des Gemeinwohls zu verhalten, wobei er nichts anderes im Sinn hat als seinen eigenen Gewinn. Die »unsichtbare Hand« von Adam Smith ist nichts anderes als das System wettbewerblicher Märkte, das die Anreize zur Leistung setzt. Diese unsichtbare Hand streichelt den einen, der ihr aus der Hand frisst. Und sie kneift oder ohrfeigt den anderen, der sich ihr nicht fügt. Wir können diese unsichtbare Hand als Zwangssystem verstehen.

Diesem Zwangssystem für den Produzenten entspricht die Wahlfreiheit für den Verbraucher, für den Konsumenten. Ihr entspricht der Grundsatz des täglichen Wirtschaftslebens: »Der Kunde ist König.« Die Marktwirtschaft verwandelt die vielen naturwüchsig vorhandenen Knappheiten in die eine Knappheit, die Knappheit des Geldes. Im Rahmen aber des Einkommens, das dem einzelnen Verbraucher zur Verfügung steht, ist dieser frei, wie er seine Konsumentscheidungen fällt. Diese Freiheit ist umso grösser, je höher das

Einkommen ist, das die Ausgaben beschränkt. Im Verlauf des zwanzigsten Jahrhunderts hat sich der durchschnittliche Lebensstandard Mitteleuropas zumindest verzehnfacht. Entsprechend ist die individuelle Freiheit der Lebensgestaltung gestiegen.

Diesen Gedanken einer Dichotomie zwischen Zwang und Freiheit in der Marktwirtschaft können wir auf die globale Marktwirtschaft übertragen. Er erlaubt es uns, in die Globalisierungsdebatte einzugreifen. Diese Debatte ist ja bisher sehr stark charakterisiert durch die Betonung der Zwänge, die von der Globalisierung ausgehen. Es wird von dieser Polarität zwischen Zwang und Freiheit vor allem der Pol des Zwangs gesehen und diskutiert. Für die einen mündet das in einer neu aufgelegten Fundamentalkritik des Kapitalismus, in einer Diagnose, dass der nationalstaatlich fundierten Demokratie die Entscheidungsspielräume abhanden kommen. Es ist dies sozusagen die Analyse der Globalisierung »von links«. Für die anderen, wie etwa den Präsidenten des Bundesverbands der Deutschen Industrie (BDI), Olaf Henkel, sind die Zwänge der Globalisierung Zwänge der Anpassung der deutschen Gesetzgebung an die globale Marktwirtschaft. Dabei sieht er diese Anpassungszwänge als heilsam, weil sie das erzwingen, was er aus seiner Sicht ohnehin für das Richtige hält. Es ist dies sozusagen die Analyse der Globalisierung »von rechts«.

Wenn aber die wettbewerbliche Marktwirtschaft nicht nur ein Zwangssystem, sondern zugleich ein System der Freiheit ist, dann muss dasselbe auch für die globale Marktwirtschaft gelten. Durch die Globalisierung intensiviert sich der Wettbewerb auf den Märkten, wie wir es im vorangegangenen Kapitel dargestellt haben. Der Produzent ist daher umso mehr eingespannt in die Disziplin des Marktes. Der Kunde ist daher umso mehr König. Dieser Grundgedanke bleibt bestehen. Aber er muss ergänzt werden durch eine Darstellung der Autonomie nationaler Politik. Denn es gibt nicht nur den Weltmarkt und die privaten Wirtschaftsteilnehmer an diesem Weltmarkt. Es gibt auch noch die bisher überwiegend nationalstaatlich verfasste Welt des Politischen, die wir im Kapitel 2 analysiert haben und auf die wir in Kapitel 9 zurückkommen. Und hier geht es darum, welcher Grad an Autonomie nationalstaatlicher Politik im globalen Weltmarkt verbleibt.

Am Beispiel der Sozialpolitik will ich dieser Frage in diesem Kapitel nachgehen. Es folgen im nächsten Kapitel die Umwelt- und im übernächsten Kapitel die Steuerpolitik. Ich werde zeigen, dass in allen drei Bereichen die Autonomie nationalstaatlicher Politik durch den globalen Wettbewerb nicht eingeschränkt wird. Methodisch gehe ich so vor, dass ich die aktuelle Globalisierungssituation vergleiche mit einem hypothetischen Zustand einer Nationalwirtschaft, in der es überhaupt keinen internationalen Wettbewerb gibt. Dieser Vergleich lässt einen dann sauber zeigen, welche Zwänge durch die Globalisierung hinzukommen oder verschwinden.

Die wesentliche Lehre aus allen drei Politikbereichen wird sein, dass die nationalstaatliche Autonomie durch den globalen Wettbewerb nicht beeinträchtigt wird. Der Grund ist ein sehr einfacher. Die Frage, welche Sozialpolitik oder Umweltpolitik gemacht wird, ist die Frage nach der Verwendung des in der heimischen Volkswirtschaft erwirtschafteten Volkseinkommens. Es ist die Frage nach dem Verbrauch von Einkommen. Nun ist aber, wie im ersten Kapitel abgeleitet, der Einkommensbezieher frei, wie er sein Einkommen verwendet. Also ist auch der Nationalstaat frei zu beschließen, welchen Anteil des Einkommens er den Erwerbern belässt und welchen Anteil er durch Steuern, Gebühren und Sozialversicherungsabgaben dem individuellen Verbrauch des Erwerbers entzieht und anderweitig, etwa für sozialpolitische oder umweltpolitische Zwecke verwendet.

B   Wettbewerbslohn, Individuallohn, Kollektivlohn

Ich wende mich jetzt der Sozialpolitik zu. In fast allen westlichen Ländern werden die Sozialleistungen wie Altersrente, Krankheitskosten, Arbeitslosengeld, Sozialhilfe etc. finanziert durch Beiträge zu Sozialkassen und durch Steuern des staatlichen Haushalts. In Deutschland macht das Sozialbudget rund ein Drittel des Bruttosozialprodukts aus. Da der Anteil der staatlichen Gesamtausgaben ungefähr die Hälfte des Bruttosozialprodukts ausmacht, erkennt man, dass zwei Drittel der Staatsausgaben sozialpolitisch motivierte Ausgaben sind. Von diesen sind wiederum zwei Drittel finanziert durch

Arbeitnehmer- und Arbeitgeberbeiträge zu Sozialversicherungen und ein Drittel durch Steuern.

Die wesentliche Finanzierungsquelle der staatlichen Abgaben jeglicher Art ist die Belastung der Einkommen aus selbstständiger und unselbstständiger Arbeit. Diese Einkommen werden einmal belastet am Ort ihrer Entstehung in der Form von Lohnsteuern, Einkommensteuern, Arbeitgeber- und Arbeitnehmerbeiträgen zu Sozialversicherungskassen. Sofern das individuelle Einkommen für Zwecke des Konsums ausgegeben wird, wird es weiter belastet in der Form der Umsatzsteuer, die bei uns auch Mehrwertsteuer genannt wird. Von dieser Mehrwertsteuer ausgenommen sind diejenigen Teile der volkswirtschaftlichen Wertschöpfung, die für Investitionen oder den Export Verwendung finden. Dafür sind umgekehrt auch die Importe mit dieser Steuer belastet, wenn sie in den Konsum fließen.

Zum April 1998 beschloss der deutsche Gesetzgeber, die Mehrwertsteuer um einen Prozentpunkt von 15% auf 16% zu erhöhen und die dadurch bewirkten Mehreinnahmen der Rentenkasse zur Verfügung zu stellen. Alternativ dazu hätte der Gesetzgeber die Rentenzahlungen kürzen oder den Beitrag der Arbeitnehmer und Arbeitgeber zur Rentenkasse erhöhen können. Keine der drei Möglichkeiten wäre in irgendeiner Weise durch den Druck des internationalen Wettbewerb verhindert worden.

Die neue Regierungskoalition hat sich entschlossen, eine Energiesteuer auf Kraftstoffe, Heizöl und Strom zu erheben, und die Erträge dieser neuen Steuer der Rentenversicherung zur Verfügung zu stellen, damit diese die Arbeitgeber- und Arbeitnehmerbeiträge senken kann, ohne die Rentenzahlungen zu kürzen. Diese Maßnahme ist im Grundsatz unabhängig vom internationalen Wettbewerb. Einzig die Ausnahme von der Energiesteuer für die energieintensiven Unternehmen hat mit dem internationalen Wettbewerb zu tun. Allerdings nicht aus der Perspektive der Sozialpolitik, sondern der Umweltpolitik. Deshalb gehen wir auf diesen Punkt im nächsten Kapitel ein.

In beiden Fällen werden die Sozial-Renten aus Steuern zusätzlich alimentiert, die letztlich von den Verbrauchern aufgebracht werden müssen. Der Anteil, der von den Rentnern selbst in der Form von höheren Preisen für die Konsumgüter aufgebracht wird, ist eine Umverteilung von einer Tasche zur anderen, nicht unbedingt eine Umverteilung von einer Person zu einer anderen. Derjenige Teil der zusätzlichen Steuern, der von den Verbrauchern bezahlt wird, die nicht Rentner sind, vermindert die Realeinkommen der Nichtrentner zugunsten höherer Renten. Der Reallohn, der an die aktiven Arbeitnehmer ausgezahlt wird, ist um diesen Betrag kleiner als er es wäre, wenn auf diese Steuern verzichtet würde und die Renten entsprechend niedriger liegen würden.

Die beiden aktuellen Beispiele sind Anwendungsfälle einer grundsätzlicheren Erwägung, die ich jetzt entwickeln möchte. Im internationalen Wettbewerb ist die Industrie des eigenen Landes wettbewerbsfähig, solange die Produktionskosten der Waren und Dienstleistungen nicht höher liegen als die auf dem internationalen Markt erzielbaren Preise. Der wichtigste Kostenanteil sind die Lohnkosten für die einzusetzende Arbeit. Daraus folgt, dass die heimische Industrie international wettbewerbsfähig ist, solange die heimischen Löhne nicht zu hoch sind. Es soll der sich im internationalen Konkurrenzkampf herausbildende heimische Lohn als »Wettbewerbslohn« bezeichnet werden. Würde dieser Wettbewerbslohn über längere Zeit erheblich überschritten, dann käme es in der heimischen Wirtschaft zu einem Niedergang, zu hoher Arbeitslosigkeit, zu drastisch verminderten Exporten und drastisch erhöhten Importen. Diese Situation wäre nicht durchzuhalten, die Löhne müssten und würden wieder sinken. Das Gegenteil geschieht, wenn der tatsächliche Lohn hinter dem Wettbewerbslohn massiv zurückbleibt. Dann kommt es zu einer Boomsituation mit steigenden Exporten, sinkenden Importen, steigenden Gewinnen und steigender Beschäftigung. Die Arbeitgeber suchen dann händeringend nach Arbeitskräften, so dass die Löhne rascher ansteigen und sich wieder dem Wettbewerbslohn angleichen.

Der Wettbewerbslohn eines Landes ist natürlich ganz verschieden für Arbeitnehmer verschiedener Qualifikation. Es handelt sich um eine komplexe Lohnstruktur. Immerhin können wir als charakteristische Grösse für das allgemeine Niveau dieser vielen Löhne den durchschnittlichen Stundenlohn für Industriearbeiter eines Landes nehmen. Dieser Durchschnittslohn der Industrie liegt in Deutschland zur Zeit knapp unter DM 50 pro geleisteter Arbeitsstunde. Er entspricht nach meiner Einschätzung auch ungefähr dem Wettbewerbslohn: Deutschland befindet sich zur Zeit in einem außenwirtschaftlichen Gleichgewicht. Ich gehe im Folgenden also davon aus, dass der Wettbewerbslohn ungefähr DM 50 für die durchschnittliche Industriearbeiterstunde beträgt.

Der Wettbewerbslohn ist von Land zu Land verschieden. Deutschland hat mit den höchsten Wettbewerbslohn in der Welt, weil hier mit viel Kapitaleinsatz und einem guten durchschnittlichen Qualifikationsstand der Arbeitskräfte produziert wird. Ein Land wie Portugal oder gar Indien hat einen niedrigeren Wettbewerbslohn. Dort ist die Produktivität der Arbeit wesentlich niedriger. Der Wettbewerbslohn eines Landes verändert sich natürlich auch im Zeitverlauf. In der Regel steigt er, da es Produktivitätszuwachs gibt. Er steigt allerdings langsam, um wenige Prozentpunkte pro Jahr. Aber im Verlauf eines Jahrhunderts machen 2,5% jährliches Wachstum doch eine Verzehnfachung aus. Das ist die Geschichte des zwanzigsten Jahrhunderts, wie schon im ersten Kapitel besprochen.

Der Lohn hat zwei Teile: den Individuallohn und den Kollektivlohn. Der Individuallohn ist der Teil, der an den lohnberechtigten Arbeitnehmer bar ausgezahlt wird. Der Kollektivlohn ist der Teil, der in irgendwelche öffentliche Kassen fließt. In Deutschland umfasst der Kollektivlohn die vom Arbeitgeber einbehaltene und abgeführte Lohnsteuer, den Arbeitgeber- und den Arbeitnehmerbeitrag zur Rentenkasse, zur Arbeitslosenversicherung, zur Krankenkasse, zur Pflegeversicherung. Für die Einzahlungen in diese verschiedenen Kassen erhält der Arbeitnehmer Anrechte auf Rente, Arbeitslosengeld, Krankenbehandlung, Pflege. Allerdings steht der versicherungstechnische Gegenwert dieser Anrechte nur in einem sehr losen Verhältnis zur Höhe der Einzahlungen, die für ihn aus seinem Kollektivlohn geleistet werden. Am engsten ist dieser Zusammenhang (noch) bei der Rente. Aber die Krankenbehandlung hängt überhaupt nicht von der Höhe der Krankenkassenbeiträge ab. Und die Beiträge zur Arbeitslosenversicherung berücksichtigen überhaupt nicht die individuelle Wahrscheinlichkeit des Eintretens des Versicherungsfalls.

Welche Gestaltungsmöglichkeiten besitzt die nationale Sozialpolitik und welche werden ihr durch den globalen Wettbewerb entzogen? Es ist dies die Frage nach der Aufteilung des Wettbewerbslohns in Kollektivlohn und Individuallohn. Wenn die Politik entscheidet, die Krankenversicherung grosszügiger zu gestalten und die höheren

Kosten durch höhere Krankenkassenbeiträge zu finanzieren, dann bedeutet das eine Erhöhung des Kollektivlohns. Das geht im wesentlichen auf Kosten des Individuallohns, denn der Wettbewerbslohn steigt nicht aufgrund einer grosszügigeren Krankenversicherung. Wenn umgekehrt die Rentenansprüche gekürzt werden und die so bewirkte Entlastung der Rentenkassen sich in niedrigeren Beiträgen zur Rentenkasse niederschlägt, dann sinkt der Kollektivlohn, was bei gegebenem Wettbewerbslohn ein Ansteigen des Individuallohns erlaubt.

Es ist aufgrund dieser Überlegung schwer zu sehen, weshalb die nationale Sozialpolitik durch den internationalen Wettbewerb eingeschränkt werden sollte. Es gibt die eine grosse Knappheit: insgesamt kann niemand, auch nicht eine nationale Wirtschaft, auf Dauer mehr ausgeben als einnehmen. Dieses Grundgesetz der Knappheit schlägt sich nieder in der Gleichung, die wir oben diskutiert haben:

Wettbewerbslohn = Individuallohn + Kollektivlohn

Die Sozialpolitik ist innerhalb eines breiten Rahmens frei in der Festlegung des Anteils des Kollektivlohns am Gesamtlohn. Dieser aber, also der Wettbewerbslohn, kann durch die Sozialpolitik kaum beeinflusst werden. Deshalb geht jede Ausdehnung der Segnungen des Sozialstaats auf Kosten des Individuallohns, der dem Arbeitnehmer bar ausgezahlt wird. Umgekehrt führt jede Kürzung im Bereich des Sozialstaats nach einiger Zeit zu einem erhöhten Individuallohn. Der Spielraum der nationalen Sozialpolitik ist also auch im globalen Wettbewerb gross.

Wir können einen Schritt weiter gehen. Dieser Spielraum ist im Grunde grösser als ohne den globalen Markt. Im vorangehenden Kapitel hatten wir gezeigt, dass die deutsche Volkswirtschaft und gerade auch die deutschen Arbeitnehmer von der globalen Wirtschaft besonders stark profitieren. Gäbe es den internationalen Austausch und Wettbewerb nicht, dann wäre die durchschnittliche Produktivität der deutschen Arbeit wesentlich niedriger. Und, da der Wettbewerb zwischen nur deutschen Unternehmen wesentlich niedriger wäre als der internationale Wettbewerb, wären die Preise für die Verbraucher bei gegebenen Löhnen und gegebener Produktivität höher. Die Verbraucher hätten wesentlich höhere Monopolgewinne zu bezahlen als in der globalen Wirtschaft. Wenn also in dieser geschlossenen Volkswirtschaft die Löhne nominal die gleichen wären wie heute, dann wäre die Produktivität vielleicht halb so gross wie heute, so dass schon deshalb die Preise doppelt so hoch wie heute wären. Dazu kommen jetzt noch die höheren Preisaufschläge auf die Kosten wegen geringeren Wettbewerbs, so dass dann die Preise vielleicht zweieinhalb mal so hoch wären wie heute.

Mit anderen Worten, der Lebensstandard der Arbeitnehmer, gemessen am Reallohn wäre 40% so hoch wie heute. Und die Logik von Individuallohn und Kollektivlohn bliebe die gleiche. Auch in einer geschlossenen Wirtschaft bedeutete jede Ausdehnung des Sozialstaats und somit des Kollektivlohns, dass die höheren Lohnkosten von den Unternehmen auf die Preise weiter gewälzt würden und in der Form höherer Konsumgüterpreise letztlich von den Individuallohnempfängern getragen würde. Da aber insgesamt der Lebensstandard wesentlich niedriger wäre, wäre der Sozialstaat der geschlossenen Volkswirtschaft wesentlich weniger leistungsfähig als derjenige in einer global integrierten Nationalwirtschaft. Der sozialpolitische Spielraum wäre mangels Masse wesentlich kleiner.

Für jede Volkswirtschaft, sei sie international verflochten oder nicht, gibt es Grenzen der Sozialpolitik. Denn das Verhalten der mit dem Sozialstaat gesegneten Bürger stellt sich auf diese Segnungen ein. Das kann zu massiven Erosionseffekten im Produktionssystem führen. Auch die Arbeitnehmer sind Teil des Zwangssystems für die Anbieter, das den einzelnen Wirtschaftsteilnehmer veranlasst, seine Rolle als Produzent zu spielen. Wenn die soziale Absicherung der Arbeitnehmer so weit geht, dass sie sich diesen Anpassungszwängen entziehen können, dann funktioniert das Produktionssystem als ganzes immer schlechter. Das geht dann auf Kosten der Produktivität und des Lebensstandards. Ein zu weit ausgebauter Sozialstaat hemmt die Leistungsbereitschaft seiner Nutznießer. Um diese Gefahren zu vermeiden, darf man den leistungsabhängigen Individuallohn nicht zu stark reduzieren, muss man hinreichende Leistungsanreize belassen. Aber diese Grenzen des Sozialstaats haben nichts mit dem internationalen Wettbewerb zu tun. Sie sind induziert durch das Verhalten der Menschen in allen Ländern der Welt: ohne Preis kein Fleiß.

Die Befürchtung, dass die Globalisierung den Sozialstaat gefährdet, ist unbegründet. *Entsprechend verkehrt ist der Vorwurf des »So-*

zialdumping« an die Adresse jener Länder, die sich entscheiden, andere, weniger weitreichende staatliche Sozialeinrichtungen zu haben als zum Beispiel die mitteleuropäischen Länder. Die weitreichende nationale Autonomie in der Gestaltung der sozialstaatlichen Einrichtungen, die wir eben dargestellt haben, sie kann natürlich auch so genutzt werden, dass man den Sozialstaat zugunsten eines höheren Individuallohns weniger stark ausbaut als in Mitteleuropa. Es gibt hier keine ungute Abwärtsspirale, was sozialstaatliche Einrichtungen betrifft. Kein Staat, auch nicht Deutschland oder die Schweiz, ist gezwungen, seine sozialstaatlichen Einrichtungen deshalb einzuschränken, weil andere Staaten einen weniger stark ausgebauten Sozialstaat haben. Würden diese anderen Staaten die Lohnkosten durch einen Ausbau des Sozialstaats stärker belasten, dann würde sich das innerhalb weniger Jahre in einem entsprechend geringeren Individuallohn niederschlagen, (anderenfalls die Arbeitslosigkeit wegen mangelnder Wettbewerbsfähigkeit unerträglich steigen würde) und die Wettbewerbsfähigkeit der Industrie wäre im gleichen Masse wieder hergestellt wie vorher. Umgekehrt ist der Rückbau des von Franco und Salazar ererbten extremen gesetzlichen Kündigungsschutzes in Spanien und Portugal in den vergangen Jahren mit kräftigen Anhebungen des Individuallohns einhergegangen und hat insofern die Wettbewerbsfähigkeit der spanischen und portugiesischen Industrie nicht verbessert. Die spanischen und portugiesischen Industriearbeiter haben nur gewisse produktivitätshemmende Kündigungsschutzprivilegien gegen höhere Individual-Löhne eingetauscht.

C Verkürztes Denken

Die bis jetzt vorgetragenen Gedanken sind – so meine ich – einfach nachzuvollziehen. Weshalb tut sich die öffentliche Diskussion so schwer in dieser Frage? Meine Hypothese hierzu ist, dass in der öffentlichen Diskussion ein Denken überwiegt, das ich »verkürztes Denken« nennen möchte. Über jede politische Maßnahme wird geurteilt danach, welches ihre Primärauswirkungen sind. Eine Maßnahme, die primär einmal die Arbeitgeber belastet, wird von den Arbeitgebern und den Unternehmern bekämpft. Eine Maßnahme, die primär einmal die Arbeitnehmer belastet, wird von den Gewerk-schaften bekämpft. Aber die Primäreffekte sind meist nicht die Dauereffekte. Es ergeben sich weitere Anpassungen und wenn man die mit berücksichtigt, dann sieht das Bild häufig ganz anders aus.

In der öffentlichen Debatte, die sehr stark von den Wortführern der Interessengruppen geprägt wird, müssen diese auf die Stimmungen und Emotionen der eigenen Gruppe Rücksicht nehmen, und diese werden sehr stark induziert durch die Frage, wie der Primäreffekt einer Maßnahme aussieht. Das ist verständlich, denn die Menschen haben anderes zu tun als analytisch über volkswirtschaftliche Zusammenhänge nachzudenken. Deshalb halten sie sich an das, was als Folge einer Maßnahme unmittelbar sichtbar ist. Ich werde im Folgenden das verkürzte Denken auf unsere Fragestellung anwenden und dann zeigen, wie man meine Analyse und die Analyse mit Hilfe des verkürzten Denkens kombinieren kann.

Als aktuelles Beispiel nehme ich die Frage der Lohnfortzahlung im Krankheitsfall. Die frühere Regierungskoalition der CDU/CSU und FDP hat auf die Forderung des Unternehmerlagers hin die gesetzlich festgelegte Verpflichtung des Arbeitgebers, dem Arbeitnehmer den Lohn im Krankheitsfall für eine gewisse Frist voll weiterzuzahlen, modifiziert und die gesetzliche Lohnfortzahlungspflicht auf 80% des üblichen Lohns gesenkt. Dies wurde von den Arbeitnehmervertretern, insbesondere von den Gewerkschaften lautstark bekämpft. Die neue Regierungskoalition hat den alten Zustand der 100%igen gesetzlich festgelegten Lohnfortzahlung wieder eingeführt.

Betrachtet man nur die Primärwirkung einer Maßnahme wie die Absenkung der Lohnfortzahlung auf 80%, dann ergibt sich in der Tat das Ergebnis, dass dies zu Lasten der Arbeitnehmer geht. Jeder Arbeitnehmer ist gelegentlich krank und er bekommt dann eben nur 80% seines Lohns statt wie bisher 100%. Zugleich bedeutet dies eine Entlastung der Arbeitgeber, der Unternehmen. Der Primäreffekt einer solchen Gesetzesänderung ist, dass die Lohnkosten der Arbeitgeber insgesamt sinken. Nimmt man diese Primäreffekte als Beurteilungsmaßstab, dann sind die Arbeitnehmer gegen diese Maßnahme und die Arbeitgeber für diese Maßnahme.

Eine Absenkung der Verpflichtung zur Lohnfortzahlung auf 80% kann interpretiert werden als eine Einschränkung des Sozialstaats.

Sie kann als eine restriktive Maßnahme im sozialpolitischen Bereich aufgefaßt werden. Betrachtet man nur die Primäreffekte, dann ergibt sich das Resultat, dass die Einschränkung des Sozialstaats zugunsten der Arbeitgeber wirkt und auf Kosten der Arbeitnehmer erfolgt.

Verallgemeinert man diesen Gedanken, dann stellt man fest, dass unter Berücksichtigung allein der Primäreffekte von sozialpolitischen Maßnahmen die Arbeitnehmer von einem Ausbau des Sozialstaats profitieren und die Arbeitgeber darunter leiden. Die Frage des Ausbaus des Sozialstaats erscheint dann als eine Auseinandersetzung im Rahmen des traditionellen Klassenkampfes zwischen Kapital und Arbeit. Hat man diese Sicht der Gestaltung des Sozialstaats, dann wird verständlich, weshalb nun die Globalisierung als eine Gefährdung der Arbeitnehmerinteressen erscheint. Durch die globale Marktwirtschaft ergeben sich neue Handlungsspielräume auf Unternehmerseite, indem sie in sehr plastischer Weise mit Weggang drohen können. Die Auseinandersetzung zwischen Kapital und Arbeit auf dem Gebiet des Sozialstaats wird jetzt gefärbt durch den Hinweis des Kapitals, sprich: der Unternehmer, dass in anderen Teilen der Welt der Sozialstaat weniger stark ausgebaut sei und es deshalb für die Unternehmerseite attraktiver werden könne, dorthin abzuwandern, wenn man den Sozialstaat zu Hause »überdehnt«.

Und so wird der internationale Wettbewerb zu einem Kampfargument der Arbeitgeberseite gegen sozialstaatliche Maßnahmen. Die linksorientierte Intellektuellenschicht, die in der Regel von Wirtschaft nicht viel versteht, übernimmt diese Arbeitgeberargumente, allerdings mit einer Umkehrung des Vorzeichens. Sie fällt herein auf das Argument der Arbeitgeber, dass die Globalisierung die Verhandlungsmacht der Arbeitgeber und des Kapitals gegenüber den eigenen Arbeitnehmern stärkt. Und sie macht daraus ein Argument gegen die Globalisierung. Weil – so erscheint es jetzt – die Globalisierung dem Kapital und nicht der Arbeit mehr Handlungsspielraum schafft, ist sie eben ein Problem und muß aus Sicht dieser politischen Perspektive eingegrenzt werden. Das verkürzte Denken ist also nicht nur heimisch bei den Interessengruppen, sondern auch bei den den Wirtschaftswissenschaften ferner stehenden Intellektuellen und Literaten, die sich zum Thema Globalisierung äußern.

Ich schlage nun den Bogen zwischen der Kausalanalyse des verkürzten Denkens und der korrekten Kausalanalyse. Wir können dies anhand des Beispiels der Lohnfortzahlung im Krankheitsfall durchexerzieren. Wenn es richtig ist, dass die Absenkung der Lohnfortzahlung im Krankheitsfall auf 80% des Lohnes die Lohnkosten der Arbeitgeber reduziert, so ist dies ein Schritt dahin, dass der tatsächliche Lohn sich im Verhältnis zum Wettbewerbslohn, den wir oben ausführlich diskutiert haben, vermindert. War vorher zum Beispiel der tatsächliche Lohn gleich dem Wettbewerbslohn, so ist er jetzt etwas niedriger als der Wettbewerbslohn. Das aber bewirkt im Arbeitsmarkt und auf allen andern Märkten aufgrund zunehmender Wettbewerbsfähigkeit der deutschen Industrie die Schaffung zusätzlicher Arbeitsplätze, und dies wiederum führt dazu, dass die Lohnzuwächse ansteigen. Der Nominallohn wird auf die Dauer bei 80% Lohnfortzahlung höher sein als bei 100% Lohnfortzahlung. Denn es besteht eine generelle Konvergenz des tatsächlichen Lohns hin zum Wettbewerbslohn.

Der Gesamteffekt einer gekürzten Lohnfortzahlung sieht nun ganz anders aus. Er geht nicht mehr einfach zugunsten der Arbeitgeber und zu Lasten der Arbeitnehmer aus. Vielmehr spaltet er beide Lager in zwei Gruppen, von denen die eine profitiert und die andere Nachteile erleidet. Profitieren tun insbesondere diejenigen Arbeitnehmer, die wegen einer überdurchschnittlich hohen Gesundheit oder eines überdurchschnittlich hohen Pflichtgefühls nur selten wegen Krankheit fehlen, vielleicht selbst dann nicht, wenn sie tatsächlich krank sind. Für sie ist die Einbuße, im Falle der Krankheit nur 80% des Lohns bezahlt zu bekommen, gering. Demgegenüber ist der Gewinn durch den höheren Nominallohn pro Stunde bedeutsamer. Benachteiligt sind solche Arbeitnehmer, die überdurchschnittlich häufig krank sind oder überdurchschnittlich häufig, ohne wirklich krank zu sein, krank feiern. Entsprechend ist es bei den Arbeitgebern. Diejenigen Arbeitgeber, bei denen der Krankenstand schon bei 100%iger Lohnfortzahlung unterdurchschnittlich gross war, werden durch die verminderte Lohnfortzahlung im Krankheitsfall im Saldo belastet. Denn bei ihnen wiegt die Kosteneinsparung durch geringere Lohnfortzahlung den höheren Lohn, der kompensierend nunmehr zu zahlen ist, nicht auf. Profitieren wiederum tun diejenigen Arbeitgeber, bei denen der Krankenstand überdurchschnittlich hoch ist – aus welchen Gründen auch immer.

Diese Gesamtanalyse einer Maßnahme wie der Absenkung der Lohnfortzahlung im Krankheitsfall ist also wesentlich differenzierter als die Konzentration auf die Primäreffekte, die im Interessenkampf im Vordergrund stehen. Teile der Arbeitnehmer profitieren von dieser Maßnahme, andere sind benachteiligt. Teile der Arbeitgeber profitieren von der Maßnahme, andere sind benachteiligt. Ob eine solche Maßnahme sozialpolitisch das Richtige ist, muß aufgrund dieser differenzierteren Analyse beantwortet werden. Ich will dies hier nicht tun, weil ich hier ja kein Lehrbuch der Sozialpolitik zu schreiben habe. Wichtig in unserem Zusammenhang ist nur, dass diese differenzierende Analyse relativ wenig mit dem Thema der Globalisierung zu tun hat. Es ist nicht die Globalisierung, die den deutschen Gesetzgeber zwingt, die Lohnfortzahlung von 100% auf 80% abzusenken. Es sind allein die sozialpolitischen Kriterien, die hier den Ausschlag geben.

D   Der Nutzen der nationalen Autonomie: Soziodiversität

Dieser Befund ist recht allgemein. Wenn man versteht, dass Sozialpolitik wenig zu tun hat mit Umverteilung von Arbeitgeber zu Arbeitnehmer, aber viel zu tun hat mit Umverteilung innerhalb der Arbeitnehmerschaft, dann kann man die nationale Autonomie der Sozialpolitik sehr wohl erkennen. Sozialpolitik kann dann gestaltet werden nach den in der jeweiligen Demokratie bestimmenden Kriterien. Das Ergebnis wird von Land zu Land verschieden sein. Es gibt keinen Anpassungs- oder Harmonisierungsdruck in der Sozialpolitik zwischen den verschiedenen Staaten in der globalen Marktwirtschaft. Und das ist gut so. Harmonisierung, Vereinheitlichung der Sozialpolitik ist weder erforderlich noch nützlich. Im Gegenteil, sie ist schädlich.

Was nützlich ist, ist Soziodiversität, ist Vielfalt in den sozialpolitischen Konzepten und Problemlösungen. Abgesehen von einigen Dogmatikern glauben wir alle nicht zu wissen, wie der beste Weg zur Lösung unserer Probleme aussieht. Karl Poppers Begriff der offenen Gesellschaft als Gegenbegriff zum Totalitarismus beruht ganz wesentlich auf der Erkenntnis, dass wir weniger eine wissende als eine lernende Weltgesellschaft sind. Das Verfahren des Erkenntnisfortschritts ist ganz wesentlich das des »Trial and Error«. Friedrich August von Hayek spricht vom »Wettbewerb als Entdeckungsverfahren«. Dabei geht es hier nicht um den Wettbewerb zwischen Standorten oder Unternehmen oder Personen. Es geht um den Wettbewerb der unterschiedlichen Problemlösungen, die in unterschiedlichen Staaten oder Regionen für ein vorgegebenes Problem versucht werden. *Es ist also nicht nur so, dass der weltweite Wettbewerb die nationale Autonomie nicht beseitigt. Im Gegenteil, durch den weltweiten Wettbewerb gewinnt die nationale Autonomie eine bedeutsame Funktion für den Erkenntnisfortschritt im wirtschaftspolitischen und allgemein-politischen Bereich. Der Wettbewerb der nationalen Problemlösungen ist ein globales System des Trial and Error in der Suche nach besseren Antworten.*

Damit dieses grosse Laboratorium der versuchten Problemlösungen auch eine über den jeweiligen nationalen Bereich hinausgehende Lernwirkung hat, ist der globale Wettbewerb auf den Märkten von entscheidender Bedeutung. Erst durch ihn entsteht vielfach die Aufgeschlossenheit für andere, ausländische Problemlösungen. Erst dadurch, dass es einen Standortwettbewerb gibt, schaut man sich in der Welt um nach Rezepten, die vielleicht besser sind als diejenigen, die man bisher befolgt hat.

Ein Beispiel für diesen Wettbewerb der Problemlösungen sind die verschiedenen Versuche der Lösung des Problems unzureichender Beschäftigung, wie sie derzeit in den verschiedenen Staaten der industrialisierten Welt unternommen werden. Es ist von besonderem Interesse in diesem Zusammenhang, dass es gerade kleinere europäische Länder sind, die jeweils interessante, aber ganz unterschiedliche Ansätze gewählt haben. Zu nennen sind unter anderem die Niederlande, Dänemark, Schweden, Irland, Portugal, die Schweiz, Österreich. Daneben gibt es das US-amerikanische »Beschäftigungswunder«. Ohne diese jeweils unterschiedlichen nationalen »Laboratorien« des Arbeitsmarktes und der Sozialpolitik wäre unser Erkenntnisstand über das Beschäftigungsproblem wesentlich geringer als er heute tatsächlich schon ist. Jeder Versuch einer Vereinheitlichung der Sozialpolitik über die Staatsgrenzen hinaus würde uns eines wichtigen Erkenntnismechanismus berauben.

7. Umweltpolitische Autonomie der Nationalstaaten im globalisierten Markt

»… Hier frommt kein kauf.
Das gut was euch vor allem galt ist schutt.
Nur sieben sind gerettet die einst kamen
Und denen unsre kinder zugelächelt.
Euch all trifft tod. Schon eure zahl ist frevel.
Geht mit dem falschen prunk der unsren knaben
Zum ekel wird! Seht wie ihr nackter fuss
Ihn übers riff hinab zum meere stösst.«

Stefan George, Die Tote Stadt

A Nationale Umweltgüter

Nunmehr behandle ich die Frage, ob der Nationalstaat autonom ist in Bezug auf die Umweltpolitik. Es steht die Behauptung im Raum, die Globalisierung zwinge die Nationalstaaten zu einem Abbau des Umweltschutzes. Auch diese Behauptung ist weitgehend falsch. Es ist zweckmäßig zwischen nationalen und globalen Umweltgütern zu unterscheiden. Nationale Umweltgüter sind solche, deren Herstellung oder Schädigung allein von nationalen Maßnahmen abhängen. Dazu gehören etwa lokale Umweltgüter wie Lärmschutz, gesunde Luft zum Atmen, sauberes Trinkwasser, Schönheit der Landschaft etc. Globale Umweltgüter sind solche wie der Schutz der Erdatmosphäre vor übermäßigen Treibhausgasemissionen oder der Schutz der Ozonschicht vor FCKW-Emissionen. Ich betrachte hier zuerst die nationalen Umweltgüter und diskutiere dann nur kurz die globalen Umweltgüter, die in Kapitel 12 im Zentrum stehen werden.

In der Globalisierungsdiskussion wird der Vorwurf des Umweltdumping erhoben. Damit ist gemeint, dass Länder sich durch Vernachlässigung des Umweltschutzes Wettbewerbsvorteile im Weltmarkt verschaffen. Dies führe zu einem Wettlauf im Abbau von Umweltstandards. Die internationalen Konzerne, so die Vorstellung dieser Autoren, spielen die verschiedenen Staaten in ihrem Wettbewerb um Produktionsstandorte gegenseitig aus und lassen sich von allen Staaten Konzessionen beim Umweltschutz einräumen. Es sei deshalb erforderlich, die Normen des Umweltschutzes international zu vereinheitlichen. Nur so könne die Schmutzkonkurrenz auf Kosten des Umweltschutzes verhindert werden.

Ich halte die Logik dieser Argumentation für falsch, sofern wir von rein nationalen Umweltgütern sprechen. Für jede nationale Volkswirtschaft – sei sie offen oder geschlossen – ergibt sich das Problem zu entscheiden, wieviel Geld für nationale Umweltgüter ausgegeben werden soll. Das für Umweltgüter ausgegebene Geld muss irgendwo anders eingespart werden: entweder bei anderen vom Staat finanzierten Gütern oder beim privaten Konsum. Auch Umweltschutzauflagen, die den Staat unmittelbar nichts kosten, bewirken volkswirtschaftlich die Notwendigkeit, auf andere Güter zu verzichten. Wenn zum Beispiel Kohlekraftwerken zur Auflage gemacht wird, Entschwefelungsanlagen zu bauen, um die SO_2-Emissionen bei der Kohleverbrennung zu verhindern, dann erhöhen sich die Produktionskosten für die Elektrizität. Bei gleichem Stromverbrauch und nunmehr höheren Strompreisen müssen die Konsumenten auf irgendwelche anderen Güter in der Gegenwart oder in der Zukunft verzichten. Saubere Luft ist nicht umsonst zu haben.

Faktisch wirkt sich ein verstärkter nationaler Umweltschutz immer wie eine Real-Lohnsenkung aus. Es gilt hier eine ähnliche Überlegung wie bei der Sozialpolitik, die im vorangegangenen Kapitel behandelt wurde. Steht die nationale Volkswirtschaft im Wettbewerb, dann tendiert das Lohnniveau immer zum Wettbewerbslohn hin. Wir spielen das Beispiel mit den Entschwefelungsanlagen durch.

Wenn durch eine solche Umweltschutzmaßnahme die Strompreise angehoben werden müssen, dann steigt das Preisniveau der Güter, die keinem internationalen Wettbewerb ausgesetzt sind, da hier die Kostensteigerung überwälzt werden kann . Die Unternehmen, die im internationalen Wettbewerb stehen, haben nun einen zusätzlichen Kostenfaktor zu verkraften, dem ihre ausländischen Konkurrenten nicht ausgesetzt sind. Es ergibt sich eine Verlagerung der

Nachfrage auf die ausländische Industrie. War vorher die Zahlungsbilanz ausgeglichen, dann hat sie nunmehr ein Defizit. Dies führt zu einer Abwertung der heimischen Währung, bis dadurch die alte Wettbewerbsfähigkeit der heimischen Industrie wieder hergestellt ist. Durch diese Abwertung steigen nun auch die Preise für Importwaren, sowie für diejenigen heimischen Waren, die internationaler Konkurrenz ausgesetzt sind. Denn die ausländische Konkurrenz verkauft jetzt zu höheren Preisen. Insgesamt sind nunmehr bei gleich gebliebenen Nominallöhnen die Preise gestiegen, so dass der Reallohn gesunken ist. Die Wettbewerbsfähigkeit der heimischen Industrie ist aber so gross wie zuvor. Die kostspielige Umweltschutzmaßnahme hat den Wettbewerbslohn, als Reallohn, gesenkt, da die »Produktivität« der Industrie abgenommen hat. Durch die Entschwefelungsanlagen sind die erforderlichen Inputs zur Erzeugung des Output gestiegen, was sich in dem gesunkenen Wettbewerbslohn widerspiegelt.

Für den Fall, dass Inland und Ausland die gleiche Währung haben, und deshalb eine Abwertung zur Wiederherstellung der Wettbewerbsfähigkeit nicht möglich ist, führt die Strompreiserhöhung dennoch zu einem Leistungsbilanzdefizit und zu verringertem Absatz der heimischen Industrie. Das bedeutet abnehmende Beschäftigung, woraufhin die Lohnerhöhung hinter der zurückbleibt, die sich ohne diese Umweltauflage ergeben hätte. Der gesunkene Wettbewerbslohn wirkt sich hier so aus, dass auch die Nominallöhne sinken. Hat sich das tatsächliche Lohnniveau an den Wettbewerbslohn wieder angepasst, ist die Wettbewerbsfähigkeit der heimischen Industrie wieder hergestellt.

Man beachte folgenden wichtigen Punkt. Für die Analyse der Wirkung der heimischen Umweltmaßnahmen war es bis hierhin nicht erforderlich, zu spezifizieren, wie die Umweltpolitik im Ausland aussah. Und in der Tat, der heimische Wettbewerbslohn hängt von den ausländischen Umweltmaßnahmen überhaupt nicht ab. Unterstellen wir einmal, dass die Umweltauflagen im Ausland verschärft werden. Dann läuft der spiegelbildliche Prozess ab, den wir eben geschildert haben, nur dass jetzt »Inland« und »Ausland« ihre Rolle tauschen. Also führen die ausländischen Umweltauflagen zwar zu einer Senkung des ausländischen, nicht aber zu einer merklichen Änderung des inländischen Wettbewerbslohns.

In einem demokratischen Gemeinwesen wird man erwarten, dass die Entscheidung über das Ausmaß des Umweltschutzes gesteuert wird von den Präferenzen der Bürgermehrheit bezüglich einer intakten Umwelt einerseits und bezüglich anderer öffentlicher und privater Güter andererseits. Da eine intakte Umwelt ein Beitrag zum Lebensstandard der Bevölkerung ist, besteht bis zu einem gewissen Grad die Bereitschaft, Reallohn oder andere öffentliche Güter zu opfern, um eine bessere Umwelt zu bekommen. Diese Überlegungen gelten in einer offenen Volkswirtschaft genauso wie in einer geschlossenen. Es ist nicht einzusehen, dass eine bessere Umwelt eines Landes ein Standortnachteil für ein Unternehmen sein sollte, wenn die volkswirtschaftlich ohnehin erforderliche Kompensation für diese bessere Umwelt in Form geringerer Reallöhne dem Unternehmen auch zugute kommen. Das ist aber der Fall, wie oben dargestellt.

Unterschiedliche Umweltstandards in verschiedenen Ländern verzerren deshalb überhaupt nicht den internationalen Wettbewerb, sondern sind einfach Ausdruck unterschiedlicher Umweltpräferenzen in verschiedenen Ländern. Den einen ist eine intakte Umwelt mehr an Reallohnopfer wert als den anderen. Der Begriff des »Umweltdumping« ist Ausdruck einer verengten Perspektive. Die Welt wird hier gesehen aus der Sicht der materiell gesättigten Gesellschaft Mitteleuropas, der sehr stark ausgeprägte Umweltpräferenzen entsprechen. Die Vereinheitlichung der Umweltstandards ist meines Erachtens der falsche Weg. Sie würde zu erheblichen Verlusten für die Weltwirtschaft führen. Vielfalt, Soziodiversität, ist in der Umweltpolitik genauso das richtige Konzept wie in vielen anderen Politikbereichen auch.

Jeder menschliche Produktionsprozess verursacht Umweltschäden. Nur der Verzicht auf menschliche Produktion erhält die Umwelt so, wie sie ohne die Menschen wäre. Die Existenz des Menschen impliziert bereits, dass es Veränderungen in der den Menschen umgebenden Natur gibt. Umweltveränderungen oder Umweltschäden sind somit ein Existenzfaktor des Menschen, sie sind ein Produktionsfaktor jeder menschlichen Produktion.

Besteht in einem Land eine hohe Präferenz für Umweltgüter, dann wird die Regierung als Verhandlungspartner des jeweiligen Unternehmens diesem keine Sonderkonditionen in Sachen Verschmutzung einräumen. Wenn es sich um Unternehmen handelt, deren Kosten durch Umweltauflagen besonders stark erhöht werden, dann werden diese allmählich in jenen Ländern zu finden sein, in denen die Umweltpräferenzen geringer sind. Diese haben dann einen komparativen Vorteil für Produktionsprozesse mit starken Umweltschäden. Länder mit hohen Umweltpräferenzen werden umgekehrt einen komparativen Vorteil bei den Gütern haben, deren Herstellung keine grossen Umweltschäden verursacht. Dieses Ergebnis entspricht aber genau der ökonomischen Theorie der optimalen Allokation: diese lehrt, dass Produktionsprozesse dort angesiedelt werden sollten und unter Konkurrenzbedingungen auch werden, wo die Produktionsfaktoren vergleichsweise reichlich vorhanden sind, deren diese Prozesse in hohem Maße bedürfen. (Heckscher-Ohlin-Theorie der internationalen Arbeitsteilung). Der Produktionsfaktor »Umweltschäden« ist dort reichlich vorhanden, wo die Umweltpräferenzen der Bevölkerung schwächer ausgebildet sind, wo also die Umweltschäden, die durch diesen Produktionsprozess verursacht werden, geringer gewichtet werden als die ökonomischen Vorteile dieses Prozesses.

Ein solches Ergebnis kann völlig in Ordnung sein, wenn man nicht einfach die deutschen, sondern zum Beispiel die brasilianischen oder die chinesischen Präferenzen für Umweltgüter relativ zu andern Gütern zugrundelegt. Der Vorwurf des Umweltdumping muss sich den Gegenvorwurf einer neuen Form des Kulturimperialismus der reichen Länder gefallen lassen: »Nur wir, die zivilisierte Bürgergesellschaft Mitteleuropas mit einem Sozialprodukt pro Kopf von 25.000 Dollar, wissen, wieviel Umweltschutz für die Brasilianer richtig ist, deren Sozialprodukt pro Kopf leider nur 3.500 Dollar beträgt und die deshalb noch nicht das nötige Bildungsniveau erreicht haben, um diese Entscheidungen selbst zu fällen.«

Ich sehe keinen negativen Zusammenhang zwischen der Globalisierung und dem nationalen Umweltschutz. Eher das Gegenteil. Die Globalisierung bringt es ja mit sich, dass sich auch die Informationsflüsse globalisieren. Technische Errungenschaften des Umweltschutzes in einem Land werden dadurch leichter und schneller in anderen Ländern bekannt. Der technische Fortschritt und der administrative Fortschritt verbreiten sich schneller auf allen Gebieten und so auch auf dem Gebiet des Umweltschutzes.

Anhänger eines sehr weitreichenden Umweltschutzes argumentieren häufig, dass ein hoher Umweltschutz auf nationaler Ebene die Wettbewerbsfähigkeit der entsprechenden Volkswirtschaft sogar verbessere. Sie weisen hin auf den Heimmarkt, den Produkte für den Umweltschutz angesichts dieser hohen Umweltschutzstandards bedienen können. Sie argumentieren, dass dann hieraus die Basis für eine erfolgreiche Exporttätigkeit der entsprechenden Produkte für den Umweltschutz geschaffen werde. Damit soll behauptet werden, dass Umweltschutz volkswirtschaftlich wesentlich weniger kostet als es auf den ersten Blick den Anschein hat. Sofern dieses Argument empirisch richtig ist – was ich hier nicht untersuchen möchte –, ist es natürlich eine weitere Stütze der Behauptung, die weltwirtschaftliche Verflechtung sei günstig für den Umweltschutz. Die Verbilligung des heimischen Umweltschutzes kommt nämlich nach diesem Argument dadurch zustande, dass man Produkte für diesen Umweltschutz in den Weltmarkt exportieren kann. Diesen Vorteil gäbe es natürlich nicht in einer isolierten nationalen Volkswirtschaft.

B Nationale Beiträge zu globalen Umweltgütern

Die gegenwärtig aktuellste umweltpolitische Debatte in Deutschland ist die um die von der rot-grünen Regierungskoalition beabsichtigte Energiesteuer. Der Energieverbrauch wäre ein zu pauschaler Indikator für die Schädigung nationaler Umweltgüter. Wenn man nationale Umweltgüter durch Besteuerung schützen wollte, dann müsste man viel differenzierter ansetzen als beim Energieverbrauch. Bei der Energiebesteuerung geht es denn auch um einen nationalen Beitrag zum Schutz globaler Umweltgüter. Insbesondere will man einen Beitrag zur Reduktion der Emission von Treibhausgasen in die Atmosphäre leisten. Im Fall der Energiebesteuerung handelt es sich vor allem um die Verminderung der CO_2-Emissionen. Im Kyoto-Abkommen haben die Europäische Gemeinschaft insgesamt, aber auch speziell Deutschland gewisse Zusagen über Emissionsreduktionen gemacht.

Die Idee bei der Energiesteuer ist, dass eine Verteuerung von solchen Aktivitäten erfolgen soll, die besonders viel beitragen zu den

CO_2-Emissionen. Ferner soll ganz allgemein ein Anreiz zum sparsamen Umgang mit Energie geboten werden. Auf diese Weise soll der Energieverbrauch in Deutschland vermindert werden. Das soll aber in einer solchen Weise erfolgen, dass damit nicht Anreize im Ausland geschaffen werden, dort mehr Energie zu verbrauchen. Da die Energiesteuer nicht weltweit eingeführt wird, muss man verhindern, dass die nationale Einführung das Ergebnis hat, dass die Produktionszweige, die besonders hohe Energiekosten haben, ins Ausland abwandern und dort lustig genau so viel Energie verbrauchen wie zuvor in Deutschland. Dann wäre dem Klimaschutz kein Dienst erwiesen worden. Aus diesem Grund ist vorgesehen, dass man bestimmte Bereiche von der Besteuerung ihres Energieverbrauchs ausnimmt, oder mit einem verminderten Satz besteuert. Das Ganze muss dann auch noch so gestaltet werden, dass es nicht gegen das EU-Verbot wettbewerbsverzerrender Subventionen verstößt.

Was hat diese Frage mit der Globalisierung zu tun? Der freie internationale Warenaustausch ist verantwortlich dafür, dass eine kraft nationaler Autonomie im Alleingang beschlossene Energiesteuer komplizierter wird. Es geht mir im Moment nicht darum, ob ein solcher Alleingang sinnvoll ist oder nicht. Ich akzeptiere den nationalen Willen, hier im Alleingang einen Beitrag zur Lösung eines globalen Umweltproblems zu leisten. Und das scheint möglich zu sein. Insofern ist – mit dem gewissen Abstrich, dass die Angelegenheit etwas komplizierter ausfällt, als sie es bei gleichzeitiger weltweiter Einführung würde – das deutsche Energiesteuerprojekt Bestätigung meiner grundsätzlichen Aussage, dass die nationale Autonomie in Sachen Umweltpolitik durch die Globalisierung nicht beeinträchtigt ist.

Ich komme im Kapitel 12 auf die deutsche Energiesteuer noch einmal zurück, nachdem gewisse klimapolitische Erwägungen dort angestellt wurden.

Problematisch ist allerdings die Behauptung, die Energiesteuer bedeute für die deutsche Volkswirtschaft gar keine Belastung, sondern einen Vorteil, da sie ja dazu diene, die Kosten der menschlichen Arbeit zu verbilligen, indem aus ihrem Aufkommen die Rentenkasse alimentiert und so die Rentenbeiträge der Arbeitgeber und Arbeitnehmer gesenkt werden können. Dadurch trage sie bei zu einer erhöhten Beschäftigung. Wenn das wirklich so wäre, dann fragt

man sich, weshalb man bei der Energiesteuer mit nur so bescheidenen Sätzen herangeht. Eine Steuer, die sogar volkswirtschaftliche
Vorteile bringt und die Beschäftigung erhöht, sollte man doch möglichst hoch ansetzen. Aber vielleicht bekamen die mutigen Neuerer
hier doch Angst vor der eigenen Courage, und sie sagten sich: »Ist es
nicht besser, erst einmal auszuprobieren, wie die neue Steuer wirkt,
ehe man damit in die Vollen geht?« Sollte das der Fall sein, dann be-
grüße ich die Initiatoren begeistert im Lager der Empiriker, denen
die Soziodiversität am Herzen liegt (siehe Kapitel 13).

8. Nationale Steuerpolitik im globalisierten Markt: Besteuerung der Unternehmen

>»Akkumuliert! Akkumuliert! Das ist Moses und die Propheten!«
>
> *Karl Marx, Das Kapital, Band I, 1867*

In diesem Kapitel behandle ich das Thema Steuern, insbesondere Besteuerung der Gewinne von Unternehmen. Die Finanzminister dieser Welt, allen voran Oskar Lafontaine, sind der Meinung, dass es um die Gunst der Unternehmen einen unguten Wettlauf der Staaten gebe, bei dem jeder Staat den anderen durch Senkung der Unternehmenssteuern und der Steuern auf Kapitalerträge auszustechen versucht. Dieser Wettlauf führe letztlich zu einer Erosion des Steueraufkommens und damit zu einer immer grösseren Handlungsunfähigkeit des Staates. Dem müsse dadurch Einhalt geboten werden, dass sich die Staaten verabreden, die Steuersätze für Unternehmensgewinne und für Kapitalerträge anzugleichen und diesen Steuersenkungswettlauf zu beenden.

Nach dieser, ich möchte sagen, herrschenden Auffassung hat die Freiheit des Kapitalverkehrs und der Standortentscheidung von Unternehmen den Effekt einer Aushöhlung staatlicher Autonomie, weil den öffentlichen Händen die Finanzmittel fehlen, um noch Politik zu gestalten. Im Folgenden werde ich versuchen, den Denkfehler klarzumachen, der dieser Auffassung zugrunde liegt. Aber ehe ich darauf eingehe, sei an Folgendes erinnert. In den Ländern mit hohem Lebensstandard – oft zusammenfassend als OECD-Länder bezeichnet – beansprucht der Staat überall mehr als ein Drittel, vielfach aber bis zur Hälfte, in manchen Fällen sogar mehr als die Hälfte des Bruttosozialprodukts. Diese Staatsausgaben werden ganz überwiegend durch Steuern und steuerähnliche Sozialabgaben und Gebühren finanziert. Wenn die Erosion der staatlichen Autonomie durch die Freiheit des Kapitalverkehrs so gravierend wäre, wie sie es gemäß dieser herrschenden Lehre ist, dann erstaunt es einen, wie es kommt, dass der Staat in einem so hohen Ausmaß Steuern und Abgaben eintreiben kann.

Gewiss kann die herrschende Lehre hier replizieren: das, was vor allem zu ergiebigen Staatseinnahmen führt, ist die Besteuerung des privaten Konsums in Form von Umsatzsteuern und spezifischen Verbrauchssteuern (Mineralölsteuer, Tabaksteuer etc.), sowie die Besteuerung des Produktionsfaktors Arbeit in Form von Sozialabgaben, Lohn- und Einkommenssteuern. Das ist richtig. Nur, so werde ich im Folgenden zeigen, auch in einer geschlossenen Volkswirtschaft, ohne jede Möglichkeit des Transfers von Kapital ins Ausland, könnte das nicht anders sein. Unternehmensgewinne sind auch in einer geschlossenen Volkswirtschaft kaum besteuerbar. Wenn die Finanzminister in einem internationalen gemeinsamen Kartell der Steuererheber versuchen, Unternehmensgewinne stärker zu besteuern, dann jagen sie letztlich einem Phantom nach.

A   Das Phänomen der Steuerüberwälzung im Allgemeinen

Wir wollen davon sprechen, dass jemand eine Steuer wirtschaftlich trägt oder durch sie belastet wird, wenn dieser durch eine Steuer wirtschaftlich eingeschränkt wird. Wir sprechen von der entsprechenden Person als dem Träger der Steuer oder dem Belasteten. Wir sprechen davon, dass jemand eine Steuer entrichtet, wenn er derjenige ist, der die Steuer an den Fiskus abführt. Er ist im steuerrechtlichen Sinn der Steuerpflichtige. Steuern werden nicht immer von demjenigen wirtschaftlich getragen, der sie entrichtet.

Es gibt in der öffentlichen Diskussion die Unterscheidung zwischen direkten und indirekten Steuern. Die Vorstellung ist die, dass bei den direkten Steuern der Entrichter und der Belastete identisch sind: wer die direkte Steuer entrichtet, der wird auch durch sie belastet. Bei der indirekten Steuer, so die Vorstellung, fallen Steuerpflichtiger und Belasteter auseinander. Direkte Steuern sind nach dieser Vorstellung die Lohn- und Einkommensteuer, sowie die Steuern auf Gewinne, die in Deutschland sehr weitgehend die Form der

Einkommensteuer oder der Körperschaftssteuer, sowie der Gewerbesteuer annehmen. Indirekte Steuern sind die Umsatzsteuer und auf spezifische Güter erhobene Steuern wie die Mineralölsteuer, die in Deutschland neu eingeführte Energiesteuer, die Tabaksteuer, die Steuern auf Alkoholkonsum oder die Abgaben auf Kinotickets zwecks Subventionierung der heimischen Filmwirtschaft. Hier besteht die Vorstellung, dass diese Steuer vom Entrichter auf den eigentlich Belasteten überwälzt wird. Das geschieht dadurch, dass der Preis des Gutes, den der Entrichter vom Belasteten verlangt, um den Betrag der Steuer höher ist, als er es wäre, wenn es diese Steuer nicht gäbe. Der Begriff der indirekten Steuer enthält somit schon den Begriff der Überwälzung. Die Überwälzung ist ein Schlüsselbegriff der Wirtschaftswissenschaften, insbesondere der Theorie der öffentlichen Finanzen. Ohne diesen Begriff kann Steuerpolitik nicht sinnvoll diskutiert werden. Wir werden auf diesen Begriff zurückkommen, nachdem wir die Überwälzung bei den indirekten Steuern anhand eines Beispiels noch einmal genauer untersucht haben.

Nehmen wir die Mineralölsteuer. In der heutigen Praxis wird die Mineralölsteuer von den Herstellern oder den Importeuren des Benzins entrichtet. Dass dennoch der Autofahrer und nicht das Raffinerieunternehmen durch die Steuer belastet wird, beruht auf der Möglichkeit, die Steuer zu überwälzen. Durch die Mineralölsteuer erhöhen sich die Kosten der Bereitstellung eines Liters Benzin bei allen Anbietern um den gleichen Betrag, eben den Mineralölsteuersatz. Auf einem Markt aber, auf dem alle Anbieter sich mit der gleichen Kostenerhöhung konfrontiert sehen, auf dem wird der Wettbewerbspreis sich genau auch um diesen Betrag erhöhen. Dies gilt jedenfalls dann, wenn das Angebot auf den Marktpreis – wie es in der Fachsprache heißt – vollkommen elastisch reagiert. Das aber ist bei Waren, für die ein internationaler Markt besteht, der Fall. Es gibt eine Art Weltmarktpreis für Kraftstoffe (mit örtlich differenzierten Zuschlägen in Abhängigkeit von den Transportkosten), auf die dann national die jeweilige Mineralölsteuer aufgeschlagen wird. Würde nun zum Beispiel in Deutschland die Mineralölsteuer nicht voll im Preis überwälzt, dann wäre der Preis von Mineralöl abzüglich der Steuer und der Transportkosten niedriger als der Weltmarktpreis. Dies hätte zur Folge, dass die Kraftstoffimporte nach Deutschland unrentabel würden. Es käme in Deutschland zu Angebotsverknappungen. Und diese würden zu höheren Preisen führen. Also kann der Mineralölpreis nicht niedriger als der Preis sein, bei dem die Kosten der Mineralölsteuer voll auf die Kunden überwälzt sind. Dies zeigt, dass die Mineralölsteuer tatsächlich vom Autofahrer getragen wird und nicht von den Raffinerien und Importeuren, die die Steuer zu entrichten haben.

So sind in der Regel indirekte Steuern in der Tat auf den Konsumenten überwälzbar. Daraus folgt aber nicht, dass direkte Steuern grundsätzlich nicht überwälzbar wären. Um diese Frage der Überwälzbarkeit oder Nichtüberwälzbarkeit zu beantworten, lohnt es sich, einen Begriff einzuführen, den der Elastizität.

B   Elastizität und Überwälzbarkeit

Ob eine bestimmte Steuer überwälzbar ist, muss im Einzelfall analysiert werden. Dennoch ist es möglich, ein allgemeines Prinzip der Überwälzbarkeit anzugeben. Die Steuerentrichter oder Steuerpflichtigen sind umso eher in der Lage, die Steuer auf andere zu überwälzen, je elastischer erstere auf Preisveränderungen reagieren und je weniger elastisch die Umwelt der Steuerpflichtigen auf Preisänderungen reagiert. Mit der Umwelt der Steuerpflichtigen sind hier insbesondere ihre Kundschaft und ihre Lieferanten gemeint. Die Überwälzbarkeit beruht auf dem Elastizitätsvorsprung der Steuerpflichtigen gegenüber ihrer Kundschaft, ihren Lieferanten und anderen Geschäftspartnern.

Der Grund für diese Aussage ist leicht plausibel zu machen. Jede Steuer schlägt immer einen Keil zwischen den Preis eines Gutes ohne die Steuer und den Preis des Gutes mit der Steuer, oder – anders ausgedrückt – den Preis vor der Steuer und den Preis nach der Steuer. Für den Steuerpflichtigen relevant ist der Preis vor der Steuer. Für den Kunden ist entscheidend der Preis inklusive Steuer oder der Preis nach der Steuer. Wenn nun der Steuerpflichtige seine Leistung auch zu einem niedrigeren Preis in gleicher Menge anbietet, dann reagiert er vollkommen unelastisch auf die Steuer. Das hat zur Folge, dass der Marktpreis sich durch die Steuer nicht wesentlich beeinflussen lässt. In diesem Fall geht der Preis vor Steuer genau um die Höhe der Steuer zurück, während der Preis nach Steuer sich nicht ändert. Der Steuerpflichtige ist zugleich der Steuerbelastete. Sein effektives Einkommen schwindet um die Höhe der Steuer.

Reagiert der Steuerpflichtige umgekehrt sehr elastisch auf den für ihn relevanten Preis, dann bedeutet die Steuer, dass sich das Marktgleichgewicht stark verschieben wird. Ist der Steuerpflichtige Anbieter auf diesem Markt, dann sinkt das Angebot mit Einführung der Steuer, solange der Marktpreis nicht angehoben wird. Die Nachfrage ist dann grösser als das Angebot: der Marktpreis steigt. Um wieviel der Marktpreis steigt, bis das Gleichgewicht wieder erreicht ist, das hängt jetzt davon ab, ob die Anbieter- oder die Nachfrageseite elastischer reagiert. Ist die Nachfrage wesentlich unelastischer als das Angebot, dann ist das Marktgleichgewicht erst wieder hergestellt, wenn der Preis vor Steuer praktisch wieder sein altes Niveau erreicht hat und der Preis nach Steuer jetzt einfach um den Betrag der Steuer höher ist als er es ohne Steuer wäre. Die Steuer wird dann von der Nachfrageseite getragen. Ist umgekehrt die Nachfrage ähnlich elastisch wie das Angebot, dann teilen sich die beiden Marktseiten die Steuerlast.

C Gewinnsteuer und Eigenkapitalbildung: ein einfaches Denkmodell

Betrachten wir nun die Besteuerung des Unternehmergewinns, etwa im Rahmen der allgemeinen Einkommensteuer oder einer unternehmensspezifischen Gewinnsteuer, wie z. B. der Gewerbesteuer oder der Körperschaftssteuer. Eine Gewinnsteuer ist kein Bestandteil der Kosten des Unternehmens. Sie besteuert ja gerade den Überschuss der Einnahmen über die Kosten. Darin unterscheidet sie sich von einer Umsatzsteuer. Da die Gewinnsteuer kein Kostenbestandteil ist, kann sie, so wird traditionell argumentiert, auch nicht überwälzt werden. Der Unternehmer muss gemäß dieser Vorstellung nach einer Erhöhung der Gewinnsteuer einfach einen grösseren Teil seines Gewinns an den Fiskus abliefern und ihm verbleibt ein kleinerer Teil nach Steuern übrig. Da der Gewinn eben der Überschuss der Einnahmen über die Kosten ist, ändert sich an der Höhe des Gewinns vor Steuern nichts, wenn die Gewinnsteuer erhöht wird.

Diese Auffassung ist aber irrig. Wir machen uns das klar, wenn wir die Besteuerung ins Extrem treiben. Wie sähe ein marktwirtschaftliches System aus, bei dem es eine Gewinnsteuer von 100 Prozent gäbe? Es würde jeder Anreiz für unternehmerische Tätigkeit entfallen. Es gäbe keine Unternehmer, also auch keine Arbeitgeber mehr. Die Arbeitslosigkeit stiege auf 100 Prozent. Auch der Staat könnte keine Arbeitsplätze finanzieren, da er keine Steuereinnahmen hätte und deshalb auch nicht kreditwürdig wäre.

In der Marktwirtschaft ist der Gewinn kein funktionsloses Überbleibsel nach Abzug der Kosten. Der Gewinn erfüllt die wichtige Funktion, den Anreiz zu schaffen, Unternehmer zu werden oder zu bleiben. Da die Marktwirtschaft ohne Unternehmer nicht funktioniert, funktioniert sie auch nicht ohne realistische Gewinnerwartung, funktioniert sie nicht ohne Gewinn als Einkommen des Unternehmers. Sie funktioniert nicht ohne Gewinn nach Steuern.

Diese Einsicht kann wohl auf allgemeine Zustimmung rechnen. Nun könnten aber die Traditionalisten entgegnen: »die Vorstellung ist zwar richtig, dass man den Gewinn nicht zu 100 Prozent wegsteuern kann. Aber daraus folgt ja noch nicht, dass man die Gewinne überhaupt nicht besteuern könne.« Indessen spricht aus meiner Sicht vieles dafür, dass Steuern auf Gewinne zu hundert Prozent überwälzt werden. Das entscheidende Stichwort meines Arguments ist »Eigenkapital«.

Unternehmer, die nur über eine dünne Eigenkapitaldecke verfügen, drohen wie auf einer zu dünnen Eisdecke einzubrechen. Auch die Kreditgeber verlangen als Voraussetzung ihrer Kreditvergabe an Unternehmen hinreichend viel Eigenkapital. Der Kleinsparer, dem vor allem an der Sicherheit seiner Ersparnisse gelegen ist, ist ebenfalls auf eine hinreichende Absicherung der letztlich durch ihn finanzierten Kredite mit dem Eigenkapital der Kreditnehmer angewiesen. Der erfahrene Unternehmer wird als eine seiner eisernen Regeln haben, immer über genügend Eigenkapital zu verfügen. Ohne eine hinreichende Ausstattung der Volkswirtschaft mit risikotragendem Eigenkapital kann sie als Marktwirtschaft nicht funktionieren.

Woher kommt das Eigenkapital einer Volkswirtschaft? Das Eigenkapital der amerikanischen, chinesischen oder deutschen Volkswirtschaft von heute ist wesentlich höher als noch vor 10 oder 20 Jahren. Der Bestand an Eigenkapital ist somit gewachsen. Woher kam der Zuwachs? Es gibt im Prinzip mehrere Quellen zusätzlichen Eigenkapitals eines Unternehmens. Die quantitativ bei weitem wichtigste Quelle sind einbehaltene, also nicht ausgeschüttete, Gewinne. Die wieder in das Unternehmen investierten Gewinne sind die tragende Säule des Wachstums des volkswirtschaftlich verfügbaren Eigenkapitals. Und sie sind damit auch eine der tragenden Säulen des wirtschaftlichen Wachstumsprozesses überhaupt.

Um das gedankliche Modell der Überwälzung von Gewinnsteuern möglichst einfach und transparent zu machen, gehe ich zuerst einmal (unrealistischerweise) davon aus, dass die einbehaltenen Gewinne die einzige Quelle zusätzlichen Eigenkapitals sind. Wir wollen im Folgenden den Eigenkapitalzuwachs innenfinanziert nennen, wenn er aus einbehaltenen Gewinnen stammt. Kommt er aus anderen Quellen, nennen wir den Eigenkapitalzuwachs außenfinanziert.

Eine numerische Illustration mag den Gedankengang deutlich machen. Unterstellen wir einmal, dass die Volkswirtschaft im langfristigen Durchschnitt real mit drei Prozent pro Jahr wächst und dass dieses Wachstum auch erforderlich ist, um den Beschäftigungsstand zu halten. Bei geringerem Wachstum würde die Arbeitslosigkeit steigen. Wir unterstellen weiterhin, dass ein dreiprozentiges Wachstum des Eigenkapitals der Unternehmen erforderlich ist, um das volkswirtschaftliche Wachstum der Produktion von drei Prozent durchzuhalten. Wenn die Unternehmer sich im Durchschnitt entscheiden, 60% der Gewinne zu reinvestieren und 40% als Dividende auszuschütten, dann muss der durchschnittliche Gewinn nach Steuern bezogen auf das Eigenkapital 5% pro Jahr betragen. Wir sprechen von der Eigenkapitalrendite. Die durchschnittliche Eigenkapitalrendite nach Steuern muss also 5% pro Jahr betragen, damit in der Volkswirtschaft genug Eigenkapital gebildet wird. Denn von diesen 5% pro Jahr stehen dann 60% zur Erweiterung des Eigenkapitals zur Verfügung: das sind die erforderlichen 3% Wachstum pro Jahr.

Mit diesem einfachen Argument haben wir aber im Kern schon die volle Überwälzung einer Gewinnbesteuerung gezeigt. Denn das Reinvestitionserfordernis von 3% pro Jahr bestimmt zusammen mit der Reinvestitionsquote von 60% schon die für die Stabilität erforderliche Rendite nach Steuern von 5%. Die Rendite nach Steuern ist im Wachstumsgleichgewicht völlig unabhängig vom Gewinnsteuersatz. *Die Unternehmer haben eine Rendite nach Steuern, die im langfristigen Gleichgewicht gar nicht von der Besteuerung abhängt. Mit anderen Worten: langfristig werden sie gar nicht durch die Gewinnsteuer belastet. Andere sind die Träger der Gewinnsteuer, nicht die Unternehmer.*

D Verlaufsanalyse der Gewinnsteuerüberwälzung

Um dieses für manchen Leser vielleicht überraschende Ergebnis noch etwas anschaulicher zu machen, führe ich im Rahmen des eben diskutierten einfachen Modells eine Gewinnsteuer ein. Wir beginnen also mit einem Zustand ohne jede Gewinnsteuer. Jetzt wird zu einem bestimmten Zeitpunkt eine Gewinnsteuer von 50% eingeführt. Kompensierend dazu wird die Besteuerung der Arbeitnehmer in gleichem Umfang reduziert, so dass deren Einkommen nach Steuern steigt. In der ersten Zeit nach Einführung dieser Steuer ergibt sich die frühere Eigenkapitalrendite von 5% pro Jahr. Diese teilt sich jetzt auf in 2,5% Steuereinnahmen des Staates, und 2,5% Eigenkapitalrendite nach Steuern. Wenn, wie gehabt, hiervon 40% ausgeschüttet und 60% reinvestiert werden, dann ergibt sich eine Dividende von 1% des Eigenkapitals und ein Wachstum des Eigenkapitals von 1,5%. Da das Eigenkapital jetzt langsamer wächst, wird auch die Investitionstätigkeit zurückgehen. Auch die Nettokreditaufnahme der Unternehmen wird schon deshalb sinken, weil die kreditvergebenden Banken angesichts verminderten Eigenkapitalwachstums vorsichtiger mit der Kreditvergabe sein werden. Um das Modell einfach zu halten, wollen wir unterstellen, dass die Gesamtnachfrage nach Gütern sich nicht ändert. Eigentlich sollten wir berücksichtigen, dass die Gesamtnachfrage zurückgeht, weil die erhöhte Konsumnachfrage der steuerlich entlasteten Arbeitnehmer überkompensiert wird durch die sinkende Investitionsnachfrage der Unternehmen. Würden wir diesen nachfragedämpfenden Effekt der Steuerreform mit berücksichtigen, würde sich das Ergebnis unserer Verlaufsanalyse noch verstärken. Der Überwälzungsvorgang liefe noch schneller ab.

Wenn annahmegemäß die Gesamtnachfrage nach Einführung dieser Steuerreform sich so entwickelt wie sie sich ohne diese Reform entwickelt hätte, dann ändert sich vorerst auch nichts an der

Eigenkapitalrendite. Da nun aber weniger investiert wird, kann das Wachstum der Anzahl der Arbeitsplätze mit dem Wachstum des Arbeitsangebots nicht Schritt halten. Die Arbeitslosigkeit wächst allmählich. Dies aber wirkt sich auf die Lohnbildung aus. Die Löhne wachsen langsamer als sie es ohne die Steuerreform getan hätten, weil die Verhandlungsposition der Arbeitnehmer sich angesichts steigender Arbeitslosigkeit ständig weiter verschlechtert. Das geringere Lohnwachstum wirkt sich natürlich positiv auf die Gewinne aus: die Eigenkapitalrendite beginnt zu steigen. Solange allerdings die Eigenkapitalrendite vor Steuern nicht auf 10% gestiegen ist, bleibt ein Investitionsdefizit. Erst bei einer Eigenkapitalrendite von 10% vor Steuern ergibt sich wieder ein Wachstum des Eigenkapitals von 3%. Dann nämlich verteilt sich die Rendite wie folgt: die Hälfte, also 5 Prozentpunkte erhält der Staat, 5 Prozentpunkte bekommen die Unternehmer, die davon 60%, also 3 Prozentpunkte, investieren. Erst, wenn die Rendite vor Steuern genau um den Betrag gestiegen ist, der an den Staat abgeführt werden muss, ergibt sich wieder ein paralleles Wachstum des Eigenkapitals und des für einen konstanten Beschäftigungsstand erforderlichen Produktionsvolumens. Erst dann wieder kann die Wirtschaft so wachsen, dass die Arbeitslosigkeit nicht weiter steigt.

Dann aber haben die Unternehmer die Gewinnsteuer voll überwälzt. Ihre Eigenkapitalrendite nach Steuern ist genau so hoch wie sie es vor der Besteuerung war. Die Träger oder Belasteten der Gewinnsteuer sind offensichtlich die Arbeitnehmer. Die Rendite des Eigenkapitals ist im Verlauf der Zeit deshalb gestiegen, weil die Löhne aufgrund der höheren Arbeitslosigkeit hinter den Löhnen zurückgeblieben sind, die im Regime ohne Gewinnsteuer bezahlt worden wären. Die Gewinnsteuer erweist sich als zusätzliche Lohnsteuer. Die vermeintliche steuerliche Entlastung der Arbeitnehmer durch Einführung einer Gewinnsteuer hat sich aus Sicht der Arbeitnehmer als Fehlschlag erwiesen.

Wenn man umgekehrt von einer Situation mit 50% Gewinnsteuer und 10% Eigenkapitalrendite vor Steuern ausgeht und nun die Gewinnsteuer abschafft, dann ergibt sich ein spiegelbildlicher Verlauf. Wir unterstellen, dass die Abschaffung der Gewinnsteuer durch eine erhöhte Lohnsteuer »finanziert« wird. Erneut unterstellen wir eine gleichbleibende Gesamtnachfrage (obwohl – spiegelbildlich wie oben – viel für eine steigende Gesamtnachfrage spricht, was erneut den Verlauf des Überwälzungsprozesses beschleunigen würde). Die Unternehmer erhalten zuerst nach dem Wegfall der Gewinnsteuer eine Eigenkapitalrendite von 10%. Da sie hiervon 60% reinvestieren, wächst das Eigenkapital in der Volkswirtschaft um 6%, schneller als das beschäftigungsneutrale Wachstum der Produktion. Es kommt zu einer Verknappung auf dem Arbeitsmarkt mit der Folge, dass die Löhne rascher steigen als die Produktivität. Dies geht zulasten der Gewinne. Die Eigenkapitalrendite beginnt zu sinken. Aber erst, wenn die Eigenkapitalrendite auf 5% gesunken ist, wachsen Eigenkapital und beschäftigungsneutrale Produktion im Gleichschritt um 3%. Erst dann ist der neue Gleichgewichtszustand erreicht. Die Abschaffung der Gewinnsteuer wirkt sich letztlich wie eine steuerliche Entlastung der Arbeitnehmer aus.

E   Eigenkapital aus anderen Quellen

Natürlich ist die Antwort auf die Frage nach den Quellen des Eigenkapitals komplizierter. Es gibt diese anderen Quellen als den einbehaltenen Gewinn. Die Neugründung eines Unternehmens erfolgt mit Eigenkapital, das nicht aus den Gewinnen dieses Unternehmens stammen kann. Unternehmen können ihr Kapital erhöhen, indem die Gesellschafter zusätzliche Mittel in das Unternehmen stecken. Aber quantitativ ist diese Außenfinanzierung weitaus weniger bedeutsam als die einbehaltenen Gewinne. Es ist hier nicht genügend Platz, um darzustellen, woran das liegt. Dieser Hinweis muss genügen. Das kapitalistische System ist in seinem Wesen angewiesen auf die Reinvestition einbehaltener Gewinne. Sie werden immer die Hauptquelle zusätzlichen Eigenkapitals bleiben. Und deshalb ist das dargestellte vereinfachte Modell im Kern eine adäquate Beschreibung des kapitalistischen Akkumulationsprozesses. Dies hat schon Karl Marx sehr gut verstanden.

F   Elastizität des Angebots an Eigenkapital

Unsere Analyse der Überwälzbarkeit von Gewinnsteuern entspricht dem oben dargestellten allgemeinen Prinzip, dass Steuern von denen überwälzt werden, die auf Preise wesentlich elastischer reagieren als ihre Umgebung. Das Angebot an Eigenkapital speist sich im Wesentlichen aus den einbehaltenen Gewinnen. Gehen die Gewinne wegen zusätzlicher Besteuerung zurück, dann verlangsamt sich der Zuwachs an Eigenkapital, dann verfügt die Volkswirtschaft nach einiger Zeit über weniger Eigenkapital. Das Angebot an Eigenkapital reagiert im Verlauf der Zeit elastisch auf eine Absenkung seiner Entlohnung. Da die Volkswirtschaft aber Eigenkapital benötigt, da die »Nachfrage« nach Eigenkapital unter der Nebenbedingung zufriedenstellender Beschäftigung relativ starr ist, können die Anbieter von Eigenkapital, also die Unternehmer und Aktionäre einer Volkswirtschaft die Last einer Besteuerung ihres »Lohnes« abschütteln.

G   Psychologische Barrieren

Ich erwarte nicht, dass die hier recht ausführlich vorgenommene Ableitung der Überwälzbarkeit von Gewinnsteuern von allen sofort akzeptiert wird. Sie entspricht so gar nicht dem landläufigen Denken der Bevölkerung, der Verbände, der Politik. Gegen die Argumentation wird man einwenden, dass sie die Komplexität der Zusammenhänge nicht erfasse, dass sie mit Hilfe unerlaubter Vereinfachungen arbeite. Dieser Einwand ist zwar im Prinzip solange richtig, als ich nicht gezeigt habe, dass auch Denkmodelle, die die Realität wesentlich genauer abbilden, nicht zu wesentlich anderen Ergebnissen führen. Das kann ich in einem Buch wie diesem natürlich nicht tun. Es müsste sich also jetzt ein wissenschaftlicher Diskurs anschließen, in dem sehr ausführlich über diese Fragen gehandelt wird. Es gibt schon eine finanzwissenschaftliche Literatur, die hierfür fruchtbar eingesetzt werden kann. Sie arbeitet allerdings weniger mit dem Begriff des Eigenkapitals als mit dem Gesamtkapital, das für die Produktion erforderlich ist, und ist insofern auch irreführend, weil in ihr die spezielle Rolle des unternehmerischen Eigenkapitals nicht hinreichend beachtet wird. Aber die Diskussion kann auf wissenschaftlicher Ebene weitergeführt werden.

Wichtiger ist für mich im Moment eine andere Frage: wie einfach sind eigentlich die Denkmodelle derjenigen, die die internationale Vereinheitlichung der Gewinnsteuern propagieren? Ich möchte behaupten, sie sind wesentlich einfacher, weil sie den zentralen Gedanken der Überwälzbarkeit von direkten Steuern überhaupt nicht enthalten. Diese Denkmodelle enthalten so gut wie keine Wirkungsanalyse der Steuergesetzgebung. Und insofern sind sie zu einfach, um eine derart fundamentale internationale Zentralisierung von finanzpolitischen Entscheidungskompetenzen zu rechtfertigen.

Ich hatte im Kapitel 6 bei der Diskussion des Themas Sozialpolitik die Vermutung geäußert, dass die bisherige Globalisierungsdiskussion keinen Blick für die nationale Entscheidungsautonomie der Sozialpolitik hat, weil sie geprägt ist von dem, was ich »verkürztes Denken« nenne. Das verkürzte Denken ist das Denken in minimal kurzen Kausalzusammenhängen, das Denken in Primäreffekten und die Vernachlässigung späterer Effekte. Übertragen auf die steuerpolitische Diskussion ist das verkürzte Denken das Denken, das die Überwälzbarkeit von direkten Steuern ausblendet, das so tut, als seien Steuerpflichtiger und Steuerbelasteter bei den direkten Steuern immer identisch. Dieses verkürzte Denken rechtfertigt vielfach Interessenstandpunkte und wird deshalb ungern aufgegeben. Insbesondere rechtfertigt dieses verkürzte Denken die Kurzfristorientierung der Politik, deren Ursprung darin liegt, dass Handeln von Politikern immer delegiertes Handeln ist, wie wir ausführlich in Kapitel 2 diskutiert haben. Wenn man nämlich mit Denkmodellen argumentiert, in denen nur die Primäreffekte vorkommen und die Folgeeffekte vernachlässigt werden, dann kann man sich und anderen einreden, dass die gesamten Folgen des eigenen Wirkens noch beobachtet werden können, ehe die nächsten Wahlen stattfinden. Dann kann man sich, indem man sich für die nächste Wahl gut positioniert, des schlechten Gewissens entledigen, man bewirke für die spätere Zeit noch Dinge, die weniger akzeptabel erscheinen. Die systematische Nicht-Berücksichtigung von langfristigen Überwälzungseffekten direkter Steuern macht es einem leichter, Steuerpolitik zu betreiben, die bei der nächsten Wahl gut ankommt.

H   Kurzfristige und langfristige Effekte einer Besteuerung von Gewinnen

In unserer Verlaufsanalyse des Abschnitts D hatten wir gesehen, dass die unmittelbaren Effekte der Einführung oder Veränderung einer Gewinnsteuer andere sind als die langfristigen. Kurzfristig gelingt die Überwälzung der Gewinnsteuern nicht. Die Eigenkapitalrendite nach Steuern sinkt in dem Maße wie die Steuer angehoben wird. Man kann also kurzfristig schöne Umverteilungsmanöver durchführen, die die einen belasten und die anderen begünstigen. Schuldet man bestimmten Interessengruppen etwas aus einem jüngst vergangenen Wahlkampf, dann kann man diese Schulden durch solche Umverteilungsaktivitäten abzahlen. Auch wenn langfristig diese Umverteilung nicht gelingt und in der Übergangszeit die zu Beginn begünstigte Gruppe sogar erhebliche zusätzliche Opfer bringen muss, dann wird in der Zwischenzeit so viel anderes auch geschehen sein, dass sich für diese ungute Entwicklung schon ein anderer Sündenbock finden lässt. Steigen, wie oben dargestellt, im Verlauf der Zeit besteuerungsbedingt die Gewinne vor Steuern, dann kann man zum Beispiel die Gier der Arbeitgeber als die Ursache der numehr verschlechterten Situation der Arbeitnehmer darstellen.

Die Kurzfristorientierung der Politik kommt auch in dem Verwaltungshandeln der Steuerbehörden zum Ausdruck. Wenn man sieht, welche Kämpfe um die steuerlich zulässigen Abschreibungsbeträge geführt werden, dann erscheint einem das unter dem Aspekt der langfristigen Überwälzbarkeit von Gewinnsteuern als Paradox. Wären Steuergesetzgeber und Steuerbehörden bei der Bewertungspraxis für Betriebsvermögen zwecks Ermittlung des steuerlich relevanten Jahresgewinns grosszügiger, dann könnten die Steuergesetze wesentlich einfacher und die Steuerbehörden wesentlich schlanker sein. Dafür würden die Steuern der Unternehmen etwas später gezahlt als mit der restriktiven Praxis. In einem wachsenden System käme das einer effektiven Senkung des Gewinnsteuersatzes gleich. Wenn die Gewinnsteuer aber langfristig sowieso überwälzt wird, wäre dieser Effekt unter steuerpolitischem Gesichtspunkt nicht allzu tragisch. Auch unter Gerechtigkeitsgesichtspunkten wäre nicht viel verloren. Es ist also unter langfristigem Aspekt nicht recht ein-

zusehen, weshalb der Fiskus hinter den Steuern auf Unternehmensgewinne her ist wie der Teufel hinter der armen Seele.

Das wird erst verständlich, wenn man die Kurzfristorientierung
der Politik veranschlagt. Denn dann macht es viel aus, ob die Steuern auf Unternehmensgewinne ein Jahr früher oder später bezahlt
werden. Dieser Unterschied kann beim staatlichen Defizit sehr erheblich zu Buche schlagen. Das aber hat inzwischen politische Si-
gnalwirkung, und so kann sich keine Regierungsmehrheit den Übergang zu einer grosszügigeren Bewertungspraxis von Betriebsvermögen leisten. Diese würde nur für eine kurze Zeit zu einem höheren
Defizit führen, brächte aber dauerhafte Verschlankungsvorteile des
Steuerwesens mit sich. Der Bürger könnte in den meisten Fällen
seine Steuererklärung wieder selbst erarbeiten. Und das wäre für die
Steuerpsychologie, für das Vertrauen des Bürgers und Steuerzahlers
in die Politik ein unschätzbarer Vorteil. Die Kurzfristorientierung
der Politik verhindert diese langfristig gewinnbaren Vorteile.

I   Intertemporale und internationale Elastizität
   des Eigenkapitals

Wir haben in diesem Kapitel gesehen, dass eine Gewinnbesteuerung
des Eigenkapitals auch in einer geschlossenen Volkswirtschaft nur
in einem formalen Sinne möglich ist. Realiter können die Unternehmer auf längere Sicht die Gewinnsteuer auf die Arbeitnehmer überwälzen. Es besteht eine intertemporale Anpassungselastizität des Eigenkapitals, das im Wesentlichen aus einbehaltenen Gewinnen gebildet wird. Wenn wir nun zum realen Fall offener Volkswirtschaften
zurückkehren, dann gibt es zusätzlich natürlich eine internationale
Anpassungselastizität des Eigenkapitals. Wenn, wie die Statistiken
ausweisen, deutsche Unternehmen wesentlich mehr Direktinvesti-
tionen im Ausland tätigen als ausländische in Deutschland, dann
hat das vielleicht doch etwas damit zu tun, dass die Gewinnbesteuerung in Deutschland in den letzten zehn Jahren nicht im selben
Maß reduziert wurde wie im Ausland. Wenn in den USA seit der
grossen Reaganschen Steuerreform wesentlich mehr investiert als
gespart wird und dieser Investitionsüberschuss durch Kapitalimpor-

te finanziert wird, dann hat das vielleicht auch etwas mit der günstiger gewordenen Steuersituation in den USA zu tun.

Indessen sollte man sich hier nicht irreführen lassen. Als Übergangsphänomen ist die internationale Umlenkung von Eigenkapital als Folge von nationalen Steuersenkungen oder Steuererhöhungen durchaus zu beobachten. Auf Dauer aber können ganz unterschiedliche Steuersätze auf Gewinne koexistieren, ohne sich gegenseitig zu stören. Wenn nämlich die jeweilige nationale Überwälzung der Gewinnsteuer schon vollzogen worden ist, dann sind die Eigenkapitalrenditen vor Steuern in dem Land mit hohen Gewinnsteuern entsprechend höher als in dem Land mit niedrigen Steuern. Es besteht dann im Durchschnitt aller Fälle kein grösserer Anreiz mehr, Eigenkapital eher in die eine als in die andere Richtung zu exportieren. Solange die Gewinnsteuersätze nur hinreichend lange konstant geblieben sind, wird man im Saldo keine steuerinduzierten Eigenkapitalwanderungen über die Grenze mehr beobachten.

Dennoch wird man auch in einem solchen steuerlichen Gleichgewichtszustand noch beobachten, dass Eigenkapital von einem Land zum anderen netto exportiert wird. Dies aber hat dann andere als steuerliche Gründe, wie zum Beispiel unterschiedliche fundamentale Wachstumsbedingungen.

Aus langfristiger Sicht gilt dasselbe wie bei der Sozialpolitik und der nationalen Umweltpolitik. Es besteht die Autonomie in der Festsetzung von Gewinnsteuersätzen. Da diese ohnehin auf die Arbeitnehmer überwälzt werden, ist letztlich der Wettbewerbslohn umso niedriger, je höher die Gewinnsteuern sind. Hat sich der Wettbewerbslohn erst einmal an die jeweiligen Gewinnsteuersätze angepasst, dann ist die Volkswirtschaft in einem vernünftigen Rahmen bei jedem Gewinnsteuersatz wettbewerbsfähig. Grenzen der Gewinnbesteuerung ergeben sich nicht aus dem internationalen Wettbewerb, sondern aus der grundsätzlichen Überlegung, dass eine funktionierende Marktwirtschaft des Gewinnanreizes bedarf und dass die Gewinnsteuer ohnehin überwälzt werden kann. Hohe Gewinnsteuern schaffen im Übrigen beim selbstständigen Mittelstand zusätzliche Anreize zur Steuerhinterziehung und damit zusätzliche Probleme der Effizienz und Gerechtigkeit des gesamten Steuersystems. Sie schaffen politischen Druck auf Ausnahmeregelungen, auf Komplizierung des Steuersystems. Aber – wie gesagt – all diese

Grenzen der Gewinnbesteuerung haben nichts mit der Globalisierung oder dem internationalen Wettbewerb zu tun.

Das Problem eines internationalen Steuerwettbewerbs bei den Gewinnsteuern ist vor allem ein Problem der Kurzfristorientierung der Politik. Da die Überwälzung der Gewinnsteuern Zeit braucht, kann sich ein Land ein Stück weit und vorübergehend durch Senkung seiner Gewinnsteuern Vorteile auf Kosten eines anderen Landes verschaffen. Es besteht vorübergehend der Anreiz, vermehrt in dem Land zu investieren, in dem die Steuern gesenkt wurden. Dadurch wird der Steuerüberwälzungsprozess beschleunigt. Durch die internationale Umlenkung der Investitionen wird die Prosperität in dem steuersenkenden Land ausgeprägter als ohne diese Umlenkung. Zugleich entsteht ein rezessiver Effekt auf das Land mit den gleichgebliebenen Steuern. Schneller als ohne diese internationale Umlenkung wird deshalb der jeweilige Lohn der Arbeitnehmer sich an die neue Steuersituation anpassen. Aus der Sicht der handelnden Politiker gibt es somit gravierende Gründe, einen solchen Steuersenkungswettlauf bei den Gewinnsteuern zu unterbinden.

Dieser Forderung steht aber entgegen, dass wegen derselben Kurzfristorientierung der Politik diese veranlasst wird, die Gewinnsteuersätze höher zu halten als es eigentlich im langfristigen Interesse des Landes klug wäre. Wir hatten das im Abschnitt I besprochen. *Eine Vereinheitlichung der Gewinnsteuern durch internationale Absprachen bringt Steuersätze, die zu hoch sind, um die grössere Bürgernähe und geringere Komplexität der Steuern und die höhere Steuerehrlichkeit zu fördern. Die weitere Bürokratisierung unserer Welt, die weitere Entfremdumg des steuerzahlenden Staatsbürgers von seinem Staat, der fortgesetzte Anreiz zur Steuerhinterziehung – sie sind dann programmiert. Der internationale Steuersenkungswettlauf ist insofern ein probates Gegenmittel gegen die Kurzfristorientierung der Politik.*

9. Der internationale Kapitalmarkt und die Demokratie

> »The greatest improvement in the productive powers of labour, and the greater part of the skill, dexterity, and judgement with which it is anywhere directed, or applied, seem to have been the effects of the division of labour.«
>
> *Adam Smith, Wealth of Nations, Buch 1, Kapitel 1, Satz 1. 1776*

A Probleme der Aktionärsdemokratie

Die grosse kapitalistische Publikumsgesellschaft ist in den letzten 150 Jahren zu einer besonders erfolgreichen Institution geworden. Wenn, so wie in den USA, Großbritannien oder der Schweiz, die Vertragsfreiheit den Wettbewerb verschiedener Leitungsstrukuren von grossen Unternehmen zulässt, dann setzt sich das aktionärsgesteuerte Unternehmen regelmäßig durch, während arbeiterverwaltete Unternehmen oder mitbestimmte Unternehmen sich als unterlegen erweisen. Wir werden auf die Gründe unten noch eingehen. Nur durch gesetzlichen Oktroy, wie in Deutschland, kann sich die Mitbestimmung der Arbeitnehmer halten. Wäre sie wirklich ein überlegenes Leitungsmodell, dann würde sie sich auch ohne diesen staatlichen Oktroy im Markt von selbst durchsetzen.

Dennoch, auch die kapitalistische Leitungsstruktur ist nicht perfekt. Es gibt ein Delegationsproblem zwischen Aktionär und Vorstand. Der Aktionär ist in der grossen Publikumsgesellschaft ja nicht selbst der Führer der Geschäfte. Der Vorstand der Aktiengesellschaft wird sich über die Details des Geschäfts wesentlich besser auskennen als der außenstehende Aktionär. Dieses Delegationsproblem schafft, wie in Kapitel 2 besprochen, Anreize zur Kurzfristorientierung. Die Aktionäre sind zufrieden, wenn die Geschäftsführung dafür sorgt, dass der Kurs der Aktie steigt und nicht sinkt. Der Markt für die Aktie orientiert sich an Indikatoren, mit deren Hilfe die zu erwartende künftige Rentabilität des Unternehmens abgeschätzt werden kann. Da die Zukunft ungewiss ist, sind solche Indikatoren sämtlich nur begrenzt zuverlässig. Jeder Indikator ist einerseits nur begrenzt aussagefähig über die Zukunft des Unternehmens und andererseits manipulationsanfällig. Die Kapitalanleger haben Erfahrungen gesammelt, was die Zuverlässigkeit von möglichen Indikatoren betrifft. Um die Manipulationsanfälligkeit von Indikatoren zu vermindern, gibt es ein umfangreiches Kontrollsystem interner und externer Prüfer, die im Auftrag der Aktionäre das Unternehmen prüfen. Diese Prüfer sind in der Regel betriebswirtschaftlich geschult, nicht aber wirklich versiert in Dingen wie der Technik der Produktionsabläufe oder der Beurteilung der Wirksamkeit von Werbung.

Aus all diesen Gründen gibt es, völlig unvermeidlich, das Problem, dass die Indikatoren, die Bestand vor den Prüfern haben, nicht ausreichen, um die beste Abschätzung der Zukunftschancen des Unternehmens zu machen. Die Kurzfristorientierung des Vorstands wirkt sich nun dahingehend aus, dass der Vorstand eine Politik befolgt, die die vom Markt präferierten Indikatoren überbetont und Dinge vergleichsweise vernachlässigt, die nicht sehr schnell zu höheren Werten der vom Markt präferierten Indikatoren führen, auch wenn sie für die langfristige Rentabilität von Wichtigkeit sind.

Ein Beispiel ist der Indikator des laufenden Gewinns. Solange Unternehmen existieren, die über eine Buchführung verfügen, interessiert sich jeder Gesellschafter für die aktuelle Gewinnsituation. Im Verlauf der Geschichte haben sich Gewinnermittlungsmethoden etabliert. Externe Prüfer der Rechnungslegung des Unternehmens überprüfen, ob der Gewinn diesen Usancen gemäß ermittelt worden ist. Wenn dies der Fall ist, so wird der Gewinn in sinnvoller und nachvollziehbarer Weise ermittelt. Unter der Voraussetzung, dass der Gewinn erfahrungsgemäß eine gewisse Stetigkeit an den Tag legt, ist der jeweilige aktuelle Gewinn in der Tat ein brauchbarer Indikator für künftige Gewinnchancen. Deshalb wird er von der Börse gern verwendet, mit der Folge, dass die Börse im Allgemeinen recht empfindlich auf neue Gewinn-Nachrichten des Unternehmens reagiert.

Da nun aber nicht alle für die Zukunft relevanten Ereignisse im Unternehmen sich auch sofort auf den Gewinn auswirken, da also generell der laufende Gewinn aus vielerlei Gründen nur ein ver- kürztes Bild vom Gesamtunternehmen und seinen künftigen Ge- winnchancen bietet, ist die Geschäftsführung immer in einer schwierigen Situation, wenn sie eine Entscheidung fällen soll, die sich negativ auf den laufenden Gewinn, aber positiv auf die langfri- stige Rentabilität auswirkt. Das wäre zum Beispiel dann der Fall, wenn das Unternehmen zur Entwicklung von Märkten »immate- rielle« Investitionen in den Aufbau von Personal oder die Werbung fließen lässt, die nach den üblichen Usancen der Gewinnermittlung aber nicht als Investitionen verbucht werden, so dass sie in der lau- fenden Periode den Gewinn schmälern. So besteht aus Gründen der Gewinnoptik immer die Gefahr, dass aus anderen Gründen zurück- gehende Gewinne durch die Verminderung solcher »immateriellen« Investitionen kompensiert, d.h. kaschiert werden, zum Nachteil der langfristigen Rentabilität.

Das Delegationsproblem zwischen Aktionär und Vorstand schafft also Probleme, wie jedes Delegationsverhältnis. Die Kurzfrist-Orien- tierung ist hier ebenfalls nicht vollkommen auszumerzen. Das Dele- gationsproblem bei der börsengehandelten Unternehmung ist ein Grund, weshalb auch in weiterer Zukunft das Inhabergeführte Un- ternehmen oder das Familien-Unternehmen weitaus häufiger vor- kommen wird. Auch in Ländern mit hochentwickelten Aktienmärk- ten wie den USA, Großbritannien oder der Schweiz ist die Anzahl der nicht börsennotierten Unternehmen um einen Faktor zwischen 500 und 1000 grösser als die Anzahl der börsennotierten. Von eini- gen High-Tech-Unternehmen mit grossen Zukunftshoffnungen ab- gesehen, ist der Börsengang für ein kleines Unternehmen nicht sinn- voll. Der direkte finanzielle Aufwand beim Börsengang und die da- nach erfolgende ständige Belastung der Geschäftsführung mit Aus- kunftspflichten lohnt sich nicht für die geringe Kapitalzuführung, die sich ein kleines Unternehmen von der Börse erhoffen kann. Dies ist auch einer der Gründe, weshalb die Bildung von Eigenkapital überwiegend durch das Einbehalten von Gewinnen erfolgt, wie aus- führlich im letzten Kapitel diskutiert.

B Die zunehmende Internationalisierung und Professionalisierung des Kapitalmarkts

Viele Kritiker der wirtschaftlichen Trends der letzten 20 Jahre sprechen von einer Entwicklung hin zu einer Welt des »Kasino-Kapitalismus« oder »Turbo-Kapitalismus«. Gemeint sind damit Phänomene wie die dynamische, aber auch turbulente Entwicklung der Aktienmärkte, die zunehmenden Volumina der internationalen Finanztransaktionen, inklusive der Devisenspekulationen, die – wie es scheint – spekulationsinduzierten Abwertungen und Aufwertungen von Währungen, die Börsenbooms und anschließenden Finanzkrisen in zahlreichen Schwellenländern, die immer neuen Finanzderivate, mit deren Hilfe immer neue Formen und Volumina des Spekulierens möglich wurden. Die Kritiker sehen in diesen Phänomenen die Verselbstständigung einer Finanzwelt, die für die realen Wirtschaftsvorgänge keinen Nutzen, dafür aber sehr viel Schaden bringen. Es wird der Ruf laut nach einer Bändigung dieser Kräfte, nach einer Eindämmung dieser Ergebnisse der unkontrollierten, excessiven Ausübung von Geldgier und privatem Egoismus.

Das Thema ist ohne Zweifel komplex, und einfache Antworten können nicht erwartet werden. Ich werde es hier nur sehr ausschnittsweise behandeln und dann im 11. Kapitel noch einmal darauf zurückkommen. Hier geht es mir zuerst um die Aktienmärkte. Vorab aber eine historische Reminiszenz. Die Freiheit des internationalen Kapitalverkehrs war im 19. Jahrhundert schon einmal annähernd verwirklicht und ist dann durch den 1. Weltkrieg zerstört worden. Erst in den achtziger Jahren dieses Jahrhunderts ist ein vergleichbarer Grad an Freiheit des Kapitalverkehrs wieder erreicht worden. Erst durch die Regierung Thatcher erhielt der britische Bürger 1979 das Recht zurück, sein Vermögen ohne Rückfrage bei seiner Regierung im Ausland anzulegen. Erst durch die Liberalisierung des Kapitalverkehrs innerhalb der Europäischen Wirtschaftsgemeinschaft in den achtziger Jahren erhielten der französische und der italienische Bürger vergleichbare Freiheiten. Die starke DM und die liberale Ausrichtung der deutschen Wirtschaftspolitik machte die Verwirklichung dieser Bürgerrechte in Deutschland schon wesentlich früher möglich.

So hat sich die Internationalisierung des Aktieninvestments in grossem Stil erst seit ungefähr 20 Jahren entwickelt. Sie steht im Grunde bis heute noch fast in den Kinderschuhen. Dies sollte bei der Beurteilung der zu diskutierenden Vorgänge berücksichtigt werden. Vor allem ist die Professionalisierung des Geschäfts der Vermögensanlage noch nicht hinreichend internationalisiert. Das führt dazu, dass die Anleger und ihre Berater sich bei grenzüberschreitenden Anlagen sehr viel weniger sicher fühlen als bei heimischen Anlagen. Aus diesem Grund erfolgen bei Rückschlägen an den Börsen vielfach Rückzüge von den als riskanter angesehenen ausländischen Börsen und Umschichtungen in heimische Werte. Das bedeutet dann für die vergleichsweise jungen Aktienmärkte der Schwellenländer weitaus schwerere Kurseinbußen, da auf diesen Märkten das ausländische Kapital eine prozentual viel wichtigere Rolle spielt. Diese Erfahrung konnte man nach dem in New York ausgelösten Crash von 1987 genau so erleben wie wieder 1997/98 im Zusammenhang mit der asiatischen und der russischen Finanzkrise.

Diese Ereignisse sollten nicht den Blick dafür trüben, dass sich das Vermögensanlagegeschäft mitten in einem Prozess zunehmender Professionalisierung befindet. Es gilt, diesen richtig zu verstehen und einzuordnen. Wir haben im ersten Kapitel den Prozess zunehmender Arbeitsteilung und Professionalisierung dargestellt und darauf hingewiesen, dass er einen wesentlichen Beitrag dazu geleistet hat, den Lebensstandard im Verlauf des 20. Jahrhunderts in den OECD-Ländern zu verzehn- bis zu verzwanzigfachen. Die Frage, wie Ersparnisse angelegt werden sollen, bietet natürlich ebenfalls Gelegenheit für die Betätigung von Spezialisten. Der einzelne Vermögensbesitzer hat sich traditionell von einem örtlichen Berater bei seiner Bank oder von Personen beraten lassen, mit denen er aus anderen Gründen mit Geldangelegenheiten zu tun hatte: Steuerberater, Rechtsanwälte. Diese Berater kannten dasselbe lokale Umfeld wie der Beratene selbst. Wohl haben die Banken schon vor langer Zeit ein Beratungs-Know-How auf nationaler Ebene aufgebaut, so dass zumindest für grosse Aktiengesellschaften ein wenigstens nationaler Börsenmarkt entstanden war. Aber traditionell gab es für den Anlageberater vor Ort wenig Unterstützung durch auf bestimmte Branchen oder Unternehmen spezialisierte Kenner von Anlagemöglichkeiten.

Im Verlauf der letzten zwei Jahrzehnte haben sich die sogenannten institutionellen Anleger sehr stark entwickelt. Zwischen den letztendlichen Vermögensbesitzer und die Aktie ist ein Fonds geschaltet, der in zahlreiche Aktien investiert, der aber auch einer sehr grossen Zahl von Fonds-Anteilseignern gehört. Der Fonds wird von darauf spezialiserten Personen verwaltet. Die Anlage-Entscheidung zahlreicher Vermögensbesitzer wird mit Hilfe dieses Fonds zentralisiert und kann deshalb mit wesentlich besserer Kenntnis der Anlagemöglichkeiten, eben professioneller, erfolgen. Sie ist nicht mehr Feierabendbeschäftigung eines Vermögensbesitzers, sondern hauptberufliche Aufgabe eines Verwalters, dem eine grosse Infrastuktur an Informationsquellen zur Verfügung steht. Diese Fonds sind entweder direkt aus Anlagegeldern der Vermögensbesitzer gespeist, oder aus den Pensionsgeldern von Personen, denen ihr Arbeitgeber Geld in einen Pensionsfonds einzahlt, oder von Lebensversicherungsbeiträgen, die für Selbstständige die Altersvorsorge bilden. Wie auch immer diese Fonds im einzelnen konstruiert sind, die Anlageentscheidung ist bei ihnen nicht mehr eine Entscheidung »aus dem Bauch heraus«, sondern Ergebnis systematischer Suche, Untersuchung und Beobachtung von Anlagemöglichkeiten. Die Anlage wird in diesem Bereich von Professionals betrieben. Diese Professionals leben davon, dass sie so gut sind wie ihre Konkurrenten, und sie können nur durch hinreichende Spezialisierung so gut sein wie die Konkurrenz.

Dabei bezieht sich die Spezialisierung entweder auf bestimmte Anlagesegmente wie Aktien von Unternehmen einer bestimmten Branche, oder bestimmte geographische Regionen oder bestimmte gesamtwirtschaftliche Entwicklungen, oder das Maßnehmen und Maßschneidern von Anlage-Portfeuilles für einzelne Kunden, oder die Nutzung von Arbitragemöglichkeiten mit Hilfe von bestimmten Finanzinstrumenten (Finanzderivate wie Optionen etc.) oder, oder, oder. Das Gesamtbild der Spezialiserung ist bunt. Es ist verteilt auf ganz unterschiedliche Unternehmen und Institutionen wie Banken im kontinentaleuropäischen Sinn, Investment-Banken im angelsächsischen Sinn, Pensionsfonds, Versicherungsgesellschaften, Unternehmen, die sich auf die Entwicklung und Verwaltung von Anlagefonds spezialisieren, Vermögensverwaltungsgesellschaften, Brokern, Market-Makers von börsengehandelten Titeln, Venture-Capital-Spezialisten, Rating-Agenturen, Wirtschaftszeitungen, Investor-

Relations-Abteilungen von Industrie-Unternehmen, Steuerberater, Wirtschaftsprüfer, Wirtschaftsanwälte, Notenbanken, Hochschulen etc.

Diese Buntheit und Vielfalt mag für den Laien verwirrend sein. Aber sie ähnelt – mutatis mutandis – doch der Buntheit der Spezialisierung im Gesundheitswesen, wo die moderne Medizin ebenfalls eine solche Wissensfülle bereithält, dass diese nicht anders als durch mannigfache Spezialisierung nutzbringend bewältigt werden kann.

Die Orientierung der Unternehmensentscheidungen am Ziel einer Maximierung des Börsenwerts des Unternehmens nennt man das Shareholder Value-Prinzip. Seine Durchsetzung ist eng verbunden mit der Professionalisierung des Kapitalmarkts. Ohne Zweifel besteht auf dem grössten nationalen Anlagemarkt der Welt, dem der USA, ein Vorsprung in diesem Professionalisierungs- und Spezialisierungsprozess. Deshalb ist dort auch das Shareholder Value-Prinzip am stärksten entfaltet. Beim kapitalistischen Leitungsmodell des Unternehmens wird der Vorstand von den Vertretern der Aktionäre eingesetzt und konnte deshalb auf dieses Ziel der Maximierung des Börsenwerts immer schon festgelegt werden. Solange aber die Aktionäre eines Unternehmens als Gruppe nicht professionell koordiniert waren und nicht das notwendige Wissen über die Details des Unternehmens hatten, orientierte sich das Unternehmen nicht wirklich an den Aktionärsinteressen. In jener Zeit entstand der Begriff des »Managerial Capitalism«, d.h. einer Leitungsstrukur des Unternehmens, bei der man als Vorstand formal dem Aktionär verantwortlich war, bei der aber der Vorstandsvorsitzende de facto die Mitglieder des Board, der ihn zu kontrollieren hatte, selbst aussuchte. Zwar erhielten die Aktionäre relativ regelmäßig ihre Dividende, aber zu sagen hatten sie praktisch wenig.

Die Unternehmensentscheidungen wurden damals gefällt nach dem Modell einer möglichst hohen Absicherung des Unternehmens gegenüber den Risiken des Marktes. Diese Risikoscheu führte zur Ideologie und Praxis der Diversifikation. Unternehmen in der Öl- und in der Autobranche investierten Geld in Bereichen, von denen sie wenig verstanden, wie die Computerbranche, um sich gegen die Risiken der Stammbranche abzusichern. Wenn schon der Ölpreis immer weiter steigen und das Autofahren immer teurer und unattraktiver werden würde, dann konnte man doch hoffen, in einer so rasch expandierenden Branche wie dem Computerwesen Geld zu verdienen und so den Job des Vorstandsvorsitzenden abzusichern.

Diese Diversifikationsexperimente erwiesen sich sehr häufig als verlustreich. Aus der Sicht des einzelnen Aktionärs war im Übrigen das Motiv der Risikostreuung innerhalb des Unternehmens nicht sinnvoll, denn er konnte durch Kauf eines branchenmäßig gemischten Aktienportefeuilles diese Risikostreuung selbst vornehmen. Wenn aus seiner Sicht die Computerbranche eine gute Branche zum Investieren war, dann konnte er durch Kauf von Computeraktien sich an den Chancen dieser Branche beteiligen. Dazu musste er seinen Beauftragten in der Ölbranche, den Vorstandsvorsitzenden des Ölunternehmens, dessen Aktien er hielt, nicht bemühen. Der hatte anderes zu tun und verstand von der Computerbranche gar nichts. Für ihn als Aktionär wurde dieser Vorstandsvorsitzende dann am produktivsten tätig, wenn er sich um das Geschäft kümmerte, von dem er etwas verstand, eben das Ölgeschäft.

Indem die Aktien der börsengehandelten Unternehmen zunehmend von Personen verwaltet wurden, deren Beruf es war, für ihre Klienten, die Fondsanteilseigner, möglichst gute Resultate zu erwirtschaften, konnte es nicht ausbleiben, dass sie, meist gemeinsam mit Kollegen, die Informationsrechte des Aktionärs sehr viel aggressiver ausnutzten als der einzelne Aktionär dies in seiner Freizeit tun konnte. Es konnte auch nicht ausbleiben, dass diese Profi-Aktionäre ihre gebündelte Stimmkraft auf Hauptversammlungen zur Geltung brachten und mit Hilfe ihres detaillierten Wissens über das Unternehmen den Vorstand auf Kurs brachten, auf Shareholder Value-Kurs.

Es ist zu erwarten, das die Professionalisierung des Aktienverwaltungsgeschäfts sich international immer weiter ausbreitet, denn die bisherigen Ergebnisse sind aus der Sicht der Aktionäre recht eindrucksvoll. Ganz anders als früher werden heute die Eigentümer der Unternehmen von deren Geschäftsleitungen hofiert. Und die heutigen Aktienkurse spiegeln die weitaus entschiedenere Gewinnorientierung der Unternehmen wider. Für die Aktionäre lohnt sich das Shareholder Value-Prinzip. Deshalb wird es sich im Zuge eines verbesserten Service der Aktienverwaltungsbranche für ihre Kundschaft international durchsetzen. Die Freiheit des Kapitalverkehrs ermöglicht es im Übrigen dem einzelnen Vermögensbesitzer, nationalen gesetzlichen Hindernissen bei der Durchsetzung des Shareholder Value-Prinzips zu entgehen, indem er Aktien von Unternehmen solcher Länder kauft, die diesem Prinzip keine oder geringere Hindernisse in den Weg stellen. Die Einführung des Euro wird die Währungsrisiken von Auslandsinvestitionen weiter vermindern. Damit wird es noch leichter als bisher, sich international auf Aktien solcher Unternehmen zu konzentrieren, die sich auf das Shareholder Value-Prinzip verpflichten.

Ein weiterer Grund für das Voranschreiten des Shareholder Value-Prinzips ist der durch die verstärkte Globalisierung der Gütermärkte verstärkte Wettbewerb. Durch ihn kommen die Gewinnmargen vieler Unternehmen unter Druck. Der Gewinn wird zur Überlebensfrage für das Unternehmen. Es ist auf die Gewinne angewiesen, weil es den Risiken zunehmenden Wettbewerbs ausgesetzt ist.

Fazit: Der voranschreitende Prozesses der Professionalisierung im Geschäft der Vermögensanlage setzt das Shareholder Value-Prinzip durch; und dieser Trend ist unumkehrbar.

C Der Stakeholder-Gedanke ist Status quo-orientiert, der Shareholder Value-Gedanke veränderungsfreundlich

Adam Smith eröffnet sein grosses Werk über den Wohlstand der Nationen mit der Aussage, dass die Arbeitsteilung die hauptsächliche Quelle des Wohlstands sei. Diese Aussage wird von der Geschichte des zwanzigsten Jahrhunderts in den OECD-Ländern bestätigt. Weshalb soll die Professionaliserung der Vermögensanlage hier eine Ausnahme machen? Weshalb soll hier gesamtwirtschaftlicher Schaden aus einem Prozess der Professionalierung entstehen?

Nur eine kleine Minderheit von Patienten begrüßt es nicht, dass die Medizin sich weiterentwickelt hat, ihr Heilungswissen vermehrt hat und daher auch gezwungen ist, es auf mehr verschiedene Köpfe zu verteilen. Nur eine kleine Minderheit spricht kritisch von »Turbo-Medizin«, die der Menschheit mehr Schaden als Nutzen zufügt. Bei aller Kritik im Einzelnen möchten die wenigsten die Möglichkeiten der heutigen Medizin in der Diagnostik und Therapie missen.

Natürlich gibt es Professionalisierungsvorgänge, die aus Sicht der meisten Betrachter mehr Schaden als Nutzen stiften. Man denke nur an die sogenannte organisierte Kriminalität. Nur gibt es hier einen klaren Unterschied zur Vermögensanlage. Bei der organisierten Kriminalität sind die »Kunden«, also die Opfer, keine freiwilligen Kunden und werden durch die Aktivität geschädigt. Währenddessen sind die Kunden der professionalisierten Vermögensanlage freiwillige Kunden und im Regelfall auch ganz zufriedene Kunden.

Das Erzielen eines möglichst hohen Gewinns ist an sich volkswirtschaftlich nicht schädlich. Wenn es zum Beispiel dadurch geschieht, dass ein Produkt mit geringeren Kosten hergestellt werden kann, dann ist dies ein Beitrag zum wirtschaftlichen Fortschritt, dessen kumulativer Effekt im Verlauf des 20. Jahrhunderts die enorme Steigerung des Lebensstandards geworden ist. Im Kapitel 5 wurde darauf hingewiesen, dass der weltweit knappe Faktor das Kapital ist. Es ist nicht genügend Kapital, also Vermögen, in der Welt, um allen arbeitssuchenden Personen einen Arbeitsplatz zu verschaffen, der sie ernähren könnte. Wenn nun die Orientierung der Unternehmenspolitik am Gewinn erfolgt, und wenn dieser Gewinn, wie es tatsächlich der Fall ist, überwiegend reinvestiert wird, dann wächst der Weltstock an Kapital und an Eigenkapital schneller als er es in einer Welt täte, in der die Gewinne wesentlich niedriger sind und deshalb weniger Eigenkapital gebildet wird.

Im Kapitel 8 hatten wir gezeigt, dass Gewinnsteuern überwälzt werden. Nach Einführung einer Steuer auf Gewinne steigt auf die Dauer die Eigenkapitalrendite vor Steuern so weit an, dass die Eigenkapitalrendite nach Steuern auf ihr ursprüngliches Niveau zurückkommt. In der Zwischenphase ergibt sich höhere Arbeitslosigkeit und ein Zurückbleiben der Löhne hinter dem Trendwachstum. Der Übergang von einem Zustand des Managerial Capitalism zu einem Zustand des Shareholder Value hat eine gewisse Ähnlichkeit mit der Abschaffung einer Gewinnsteuer. Indem die Unternehmen ihre Zielsetzung umstellen, erhöhen sich ihre Gewinne. Das führt zu einer verstärkten Eigenkapitalbildung durch erhöhte Gewinn-Reinvestition. Der damit ausgelöste zusätzliche volkswirtschaftliche Wachstumsprozess führt zu verbesserten Beschäftigungschancen und höheren Lohnzuwächsen. So wird ein grosser Teil der Gewinnzunahme auf Dauer an die zum Eigenkapital komplementären Produktionsfaktoren (qualifizierte und nichtqualifizierte Arbeit, Boden,

Kapital in der Form von Fremdkapital) abgegeben, da durch das reichlicher vorhandene Eigenkapital diese Faktoren gefragter, sprich: knapper werden.

Die Dynamik dieser Wachstumsprozesse ist meines Erachtens das, was von vielen Kritikern des »Turbo-Kapitalismus« nicht verstanden wird. Das heute vorherrschende Gegenmodell zum Shareholder Value-Modell ist das Stakeholder-Modell (das englische Wort »stake« ist am besten mit »Anteil« zu übersetzen. Es geht bei den »Stakeholders« aber nicht nur um die Anteilseigner im engeren Sinne, sondern um alle, deren Interessen durch die Entscheidungen der Unternehmensleitung berührt werden). Dies ist ein respektabler, aber etwas statischer Gedanke. Er ist vor allem durch Tony Blair und seine New Labour-Ideologie in Großbritannien in die Diskussion gebracht worden. Er setzt herkömmliche Gedanken eines »dritten Weges« zwischen Kapitalismus und Staatssozialismus fort. Es geht um die sogenannten Stakeholder eines Unternehmens, deren Zielen die Unternehmensleitung unterzuordnen ist. Diese Stakeholder sind neben den Aktionären die Mitarbeiter, dann aber auch der Staat als Nutznießer der Steuerkraft des Unternehmens, die Kunden als Nutznießer seiner Produkte, die Ortschaften, in denen das Unternehmen Produktionsstätten hat.

Wenn nun die Unternehmensführung von all diesen Interessen abhängig gemacht werden soll, dann geraten wir in eine Anti-Turbo-Welt, in der sich nur noch sehr wenig bewegt, in der die Räder sich nur noch sehr langsam und sachte drehen. Denn all diese anderen Stakeholder sind ja wieder definiert durch den Status Quo des Unternehmens. Es geht hier um die Inhaber der jetzigen Arbeitsplätze, nicht um die nicht konkretisierbaren Inhaber potentieller künftiger Arbeitsplätze. Es geht um die heutigen Kunden, nicht um die nicht konkretisierbaren potentiellen neuen Kunden. Es geht um die Ortschaften mit heutigen Produktionsstandorten, nicht um die nicht konkretisierbaren Ortschaften künftiger Standorte. Es geht um die heutigen Aktionäre -jetzt kommt der Unterschied zu den anderen Stakeholdern – und damit zugleich um die künftigen Aktionäre. Denn der heutige Kurs der Aktien richtet sich gerade auch nach der Berücksichtigung der Interessen der potentiellen Käufer der Aktien, und das sind die künftigen Aktionäre.

Das Stakeholder-Modell, ähnlich wie die Mitbestimmungsidee,

ist ein Modell zur Repolitisierung der Wirtschaft. Würde im Rahmen dieses Modells verfahren, dann hätte der Vorstand genau wie ein Politiker, wie ein Parteiführer, die verschiedenen Fraktionen, die verschiedenen Stakeholder und ihre unterschiedlichen Interessen zu berücksichtigen. Jede Änderung wäre eine mühsamer Verhandlungsprozess. Der Status Quo als der Zustand, der ohne Verhandlung einfach da ist, hätte, wie in der Politik, eine übergrosse Überlebenschance. Vetorechte würden die Veränderungen blockieren oder wesentlich erschweren.

Wenn ein grösseres Unternehmen mehrere Produktionsstandorte hat, dann gibt es sowohl bei den Mitarbeitern als auch bei den Gemeinden mit diesen Standorten heterogene, sich zum Teil sogar widersprechende Interessen. Ähnliches gilt bei einem Mehrproduktunternehmen für die Kundschaft als Stakeholder. Die Interessen all dieser Gruppen sind bei einem grösseren Unternehmen sehr zersplittert. Das macht den Verhandlungsprozess zusätzlich aufwendig. Demgegenüber sind die Interessen der Aktionäre vollkommen homogen: sie alle wollen einen möglichst hohen Kurs ihrer Aktien. Es gibt keine Interessenkonflikte zwischen den Aktionären (es sei denn, dass ein Großaktionär das Unternehmen zulasten der anderen Aktionäre ausschlachten wollte).

Die Delegation von Verantwortung funktioniert umso besser, je klarer und überprüfbarer die Ziele sind, die der Beauftragte, der Delegierte zu erfüllen hat. Beim Shareholder Value-Regime herrscht Klarheit und Einfachheit der Zielsetzung. Der ist ein guter Verwalter der Interessen seiner Auftraggeber, der für eine hohe dauerhafte Rentabilität des eingesetzten Eigenkapitals sorgt. Beim Stakeholder-Regime ist alles unklar. Kann man das Gewicht der Interessen der einzelnen Stakeholder quantifizieren? Das ist nicht praktikabel. Also kann es gar keine quantifizierten Zielsetzungen geben. Sofern es sie im konventionellen Sinn doch gibt (Gewinnziele, Umsatzziele etc.), sind sie nicht wirklich verbindlich, wenn ihre Verfolgung es erforderlich macht, einem der Stakeholder auf die Füße zu treten. Jeder mittelmäßige Manager kann sich bei einer Überprüfung seiner Leistung tausend Ausreden zurechtlegen, weshalb dies und das nicht zu machen war, weil dieser oder jener Stakeholder blockierte. Die Qualitätsauswahl des Managements entspricht der in der Politik: rhetorische Begabung, Konsensfähigkeit etc. Bei aller Hochachtung vor der Leistung von Politikern in ihrem Gebiet, die wenigsten würden sich eignen, ein Unternehmen gut zu führen.

Diese Analyse des Unterschieds zwischen Shareholder Value und Stakeholder-Modell gibt uns auch die eigentliche Ursache für die grössere Wettbewerbsfähigkeit des kapitalistischen Leitungsmodells. Das Interesse der Aktionäre ist zwar ein ganz konkretes: ein hoher Aktienkurs. Aber es ist damit zugleich ein abstraktes: ein Interesse an einem hohen künftigen Geldstrom von Dividenden, aus dem die Börse den heutigen Aktienkurs ableitet. Es ist gleichgültig, womit in Zukunft diese Dividenden verdient werden. Es ist gleichgültig, wo die Produktionsstätten liegen werden, mit denen Geld verdient wird. Es ist gleichgültig, welches die Produkte sein werden, mit denen die Gewinne gemacht werden. Damit ist die Sicht des Aktionärs von irgendeinem Status quo-Interesse befreit. Im Interesse des Aktionärs ist jede Veränderung, die den Gewinn erhöht. Der Dynamik und Innovationskraft der wettbewerblichen Marktwirtschaft entspricht am besten eine Lenkung des Unternehmens, für die die Erhaltung des Status Quo keine Rolle spielt.

Man stelle sich vor: ein Europa dominiert von einem Stakeholder-Regime und ein Amerika dominiert von einem Shareholder Value-Regime. Wo entstehen die neuen Produkte, die neuen Produktionsstandorte, die neuen Arbeitsplätze, wo ist wirtschaftliche Dynamik, wohin geht die junge Führungselite? Und rückwärts gewendet: ist die Bevölkerung Amerikas in den letzten Jahren eigentlich so schlecht gefahren mit dem Shareholder Value-Regime? Wo sind mehr Arbeitsplätze entstanden, in Europa oder in den USA?

Fazit: Das Shareholder Value-Prinzip gibt den Managern klare Ziele. Es ist veränderungsfreundlich. Das Stakeholder-Prinzip gibt dem Management keine klaren Vorgaben, außer der, keinem der Status quo-Stakeholder auf die Füße zu treten. Es ist veränderungsfeindlich.

D Der internationale Kapitalmarkt ist ein Schutz gegen demokratischen Populismus

In der abendländischen Geschichte des politischen Denkens überwog bis ins 19. Jahrhundert hinein die Meinung, dass Demokratie nicht funktionieren könne. Dies deshalb, so die Skeptiker, weil sich das Volk von Demagogen verführen lassen werde, die ihm unerreichbare Dinge versprechen. Eine vorübergehende Umverteilung von Reich zu Arm schaffe den Armen für kurze Zeit die Illusion, dass es ihnen nun tatsächlich besser gehen werde. Durch die Expropriation der besitzenden Klassen werde aber die Grundlage für den bisherigen Gesamtwohlstand vernichtet und es werde bald zu einem Zusammenbruch der Wirtschaft kommen. Es war nicht zuletzt diese Angst vor dem Populismus, die die Verfassungsväter im späten 18. Jahrhundert und im 19. Jahrhundert vielfach veranlasste, das Parlament als Zwei-Kammer-System zu konstruieren. Die obere Kammer hatte dann die Funktion, die untere Kammer – die Volksvertretung – zu bremsen, wenn diese auf solche unbedachten, kurzfristig populären Umverteilungsmaßnahmen hinauswollte. Deshalb war die obere Kammer auch weniger demokratisch (oder gar nicht demokratisch) zusammengesetzt als die untere Kammer. Im *Federalist*, geschrieben von Hamilton, Madison und Jay zur Verteidigung des neuen amerikanischen Verfassungsentwurfs, kann man die entsprechenden Erwägungen nachlesen, die zur Schaffung des amerikanischen Senats führten, der ja ursprünglich nicht in einer direkten Volkswahl gewählt wurde, sondern aus Abgesandten der einzelnen Staaten bestand, die vom jeweiligen Gouverneur ernannt waren.

Die historische Entwicklung der Demokratie hatte ihre Höhen und Tiefen. Aber es stellte sich heraus, dass in Nordamerika und Westeuropa die Demokratie funktionsfähig wurde und blieb. Immerhin ist das Problem des Populismus nicht endgültig verschwunden. Es hat sich gegenüber den früheren Befürchtungen vielleicht etwas verlagert. War damals die Gefahr zu radikaler Änderungen im Bewusstsein der Skeptiker, so ist heute eine gewisse politische Unfähigkeit zur gesetzgeberischen Veränderung vielleicht das Hauptproblem.

Wie kann man Populismus definieren? Das ist nicht ganz einfach, wenn man einen Begriff entwickeln will, der nicht einfach Spiegelbild der eigenen Vorurteile ist. Man kann offensichtlich nicht Maßnahmen, die einem selbst nicht passen, die aber offenkundig populär sind, als Populismus klassifizieren. Ich schlage folgende Definition vor: populistisch ist eine Politik, die zwar populär ist, die es aber

nicht wäre, wenn die Wähler wohlinformiert wären. Die Schwierigkeit ist natürlich der praktische Nachweis, dass eine Politik bei
wohlinformierten Wählern nicht populär wäre.

Immerhin lässt sich im Anschluss an Abschnitt C des Kapitels 2
folgender Komparativ betreffend den Populismus formulieren. Dort
hatten wir festgestellt, dass eine demokratische Mehrheit dazu tendiert, die Haushaltsdefizite der öffentlichen Hand grösser werden zu
lassen, als es den Präferenzen der Wähler entsprechen würde, wenn
diese sich die Zeit nähmen, sich in dieser Sache sachverständig zu
machen. Wir haben dort gezeigt, dass dies ein Beispiel für die delegationsinduzierte Kurz-Frist-Orientierung ist. Hieraus lässt sich vielleicht folgende komparative Feststellung treffen: eine staatliche
Haushaltspolitik ist umso eher populistisch, je grösser das von ihr in
Kauf genommene Haushaltsdefizit in Zeiten normaler Konjunktur
ist.

Von den Globalisierungskritikern wird nun behauptet, dass der
internationale Kapitalmarkt die nationale demokratische Souveränität insofern beschneide, als die nationale Budgetpolitik sich an
die Spielregeln der Schuldner-Bonität der internationalen Kreditgeber halten müsse. Dies führe dann, häufig orchestriert vom Internationalen Währungsfonds, zu Auflagen für die nationale Politik seitens der internationalen Kreditgeber, die sich zum Beispiel in Kür-
zungen von Sozialleistungen zulasten der Ärmsten im Lande auswirken.

Man kann das natürlich als eine Einmischung in die nationale
Entscheidungsfreiheit ansehen, die hier vom internationalen Kapitalmarkt ausgeht. Aber was unterscheidet diesen Fall von jenem des
privaten Schuldners, den wir im Abschnitt C des dritten Kapitels behandelt haben? Dort hatten wir gesagt, dass derjenige, der für seine
Pläne den Kredit anderer benötigt, diese ihnen zur Begutachtung
vorlegen muss, und dass dieser Prozess der Abgleichung der Zukunftserwartungen sozial sehr fruchtbar ist, indem er Utopien, zu
denen wir als Individuen alle neigen, durch realistischere Zukunftserwartungen ersetzt. Wenn unter der Führung einer Regierung un-
realistische Haushaltspläne und Erwartungen zur Rechtfertigung
von laufenden Defiziten herhalten müssen, ist dann die Intervention
der internationalen Kreditgeber ein Eingriff in die nationale Souveränität oder ein Wachrütteln eines Volks von Traumtänzern unter

der Führung einer populistischen Regierung? Das lässt sich in absoluter Allgemeinheit nicht sagen. Es kann ja sein, dass diese Nation
der eigenen Zukunft mit Recht mehr zutraut als das die internationalen Gläubiger tun. Es kann ja sein, dass sich diese Nation in der
gleichen Situation befindet wie der geniale Erfinder, der zu Unrecht
von den Banken wegen eines Kredits abgewiesen wird, weil sie ihn
nicht verstehen. Aber es ist genau so möglich, und nach aller nüch-
ternen historischen Erfahrung sogar sehr viel wahrscheinlicher, dass
die Banken recht haben, wenn sie die Lage des Landes weniger optimistisch einschätzen als das die eigene Regierung tut oder vorgibt zu
tun, um den Kredit zu erhalten. Die internationalen Kreditgeber wären dann nützliche Helfer, um den Populismus jener Regierung offen zu legen. Sie hätten durch ihre Vorbedingungen für weitere Kredite dafür gesorgt, dass eine weniger populistische Politik getrieben
wird.

Gerade wenn man sich die Tendenz zur Kurzfristorientierung
und Status quo-Orientierung der Politik, auch demokratischer Politik, vor Augen hält, ist es nicht unplausibel, dass in vielen Fällen die
internationalen Kapitalmärkte einen disziplinierenden Einfluss auf
die heimische Politik ausüben, im Sinne einer Konsolidierung der
Staatsfinanzen und im Sinne einer Beförderung von erforderlichen,
aber schwer durchsetzbaren Veränderungen. Ich denke, der Gedanke ist nicht abwegig, dass ein realistischer Staatsmann, der die Verantwortung trägt, den Druck ausländischer Banken gern benutzt,
um gesetzgeberische Änderungen in seiner Partei und in seinem Parlament durchzusetzen, die von ihm als notwendig erkannt wurden.

Das italienische Beispiel mag verdeutlichen, was ich mit dieser
Disziplinierung meine. Solange es keinen freien internationalen Kapitalverkehr gab, mussten die Vermögen der Sparer entweder in heimischen Aktien, in heimischen Grundstücken oder in heimischen
festverzinslichen Papieren angelegt werden. Die Finanzierung einer
wachsenden Staatsschuld war in diesen Zeiten solange kein Problem, als die überwiegende Zahl der Sparer das Risiko bei der Anlage in festverzinslichen Werten für geringer hielt im Vergleich zur Anlage an der Aktienbörse. Es war die so enorm gut ausgebildete, ihrem Familiensinn entsprechende private Vorsorgetätigkeit der italienischen Bevölkerung, verbunden mit ihrer Risikoaversion, die es
dem italienischen Staat ermöglichte, eine Staatsschuld zu finanzie-

ren, die weit höher lag als ein Jahressozialprodukt. Die italienische Staatsschuld stieg deswegen so kräftig an, weil die italienische Politik im Gegensatz zur Langfristorientierung der Bevölkerung extrem kurzfristorientiert war. Der Populismus der italienischen Politik war kaum noch zu überbieten.

Die Spielregeln der EG haben letztlich erzwungen, dass die italienischen Sparer ihre Zukunftsvorsorge auch außerhalb des eigenen Landes durchführen können. Auf diese Weise entstand dem Kreditnehmer »Staat Italien« Konkurrenz bei den italienischen Sparern. Das ist der eigentliche Hintergrund für die mehr oder weniger gewaltlose Revolution, die sich in den letzten zehn Jahren in Italien abgespielt hat. Das alte, letztlich korrupte Regime hat abgedankt. Unter dem Druck der internationalen Finanzmärkte hat die öffentliche Meinung in Italien nunmehr verstanden, dass der Staat weit über seine Verhältnisse gelebt hat. Es sind massive Einschränkungen bei den Staatsausgaben erfolgt, die Steuerpolitik wurde modernisiert. All dies hat zu einer Konsolidierung der Staatsfinanzen geführt. Die Chance, zu den Gründungsstaaten des Euro zu gehören, hat die Konsolidierungsanstrengungen noch weiter verstärkt. Aber auch die Beitrittskriterien von Maastricht sind ja nichts anderes als die Kriterien, auf die auch die internationalen Kapitalanleger sehen, bevor sie ihre Anlageentscheidungen fällen. Die Disziplinierung des europäischen Populismus durch die Maastricht-Kriterien war dann die Voraussetzung dafür, dass der Euro unter so guten Vorbedingungen beginnen konnte.

Es wird den antipopulistischen Kräften in der demokratischen Politik leichter gemacht, sich durchzusetzen, wenn es einen freien internationalen Kapitalverkehr gibt. Wir hatten im 2. Kapitel darauf schon hingewiesen. Die Kapitalmärkte haben erzwungen, dass das Prinzip einer von der Regierung unabhängigen Zentralbank sich durchsetzte. Sie »belohnten« ein Land mit unabhängiger Zentralbank mit niedrigeren Zinsen, weil es als sicheres Anlageland galt. Dadurch wurde die Herausnahme der Geldpolitik aus den populistischen Versuchungen der jeweiligen Regierungen politisch erleichtert, weil diese Herausnahme einen unmittelbar konjunkturstimulierenden Effekt auf die heimischen Kapitalmärkte hatte.

Generell: ein Regierungschef, der die Kapitalmärkte überzeugen kann, dass er eine Politik der Preisstabilität und des fiskalischen

Realismus betreibt und betreiben kann, der kann sofort mit dem Pfund des Vertrauens der Kapitalmärkte wuchern. Der Staat kann sich ab sofort zu niedrigeren Zinssätzen verschulden, als wenn dies Vertrauen der Kapitalmärkte nicht da wäre. So kann durch diesen Vertrauenseffekt selbst schon ein Konsolidierungseffekt bei den Staatsfinanzen eintreten. Der Antipopulist, der »eiserne Besen«, kann damit schon politische Erfolge einheimsen, bevor er überhaupt ein einziges Mal gekehrt hat.

Die antizipierende Kraft der Kapitalmärkte kann somit die langen, in der kurzfristorientierten Politik so tödlichen Wartezeiten einer anti-illusionären, langfristorientierten Wirtschaftspolitik wesentlich abkürzen. Das auf den professionalisierten Kapitalmärkten vorherrschende Stabilitätsdenken kann dem politischen Kämpfer gegen den Populismus zu Hilfe kommen. Ein ganz wesentlicher Teil der erfolgreichen Konsolidierungspolitik von Ministerpräsident Romano Prodi beruhte auf dem mit steigendem Vertrauen sinkenden Zinssatz, den der italienische Fiskus auf seine ausstehenden Schulden bezahlen musste. Der letztlich durchschlagende Erfolg der wirtschaftspolitischen Wende von Margaret Thatcher erhielt, nach anfänglicher Skepsis, Hilfe von den internationalen Kapitalmärkten. So gelang es, die britische Staatsschuld von ca. 75% des Sozialprodukts bei ihrem Regierungsbeginn auf 35% des Sozialprodukts acht Jahre später zu reduzieren.

Im dritten Kapitel, Abschnitt C, hatten wir davon gesprochen, dass der nationale Kapitalmarkt ein Wahrheitsmechanismus ist, der der erforderlichen Abgleichung von Zukunftserwartungen der Individuen dient. Er funktioniert als solcher gut, wenn sich im Nachhinein herausstellt, dass die überwiegende Anzahl der zustande gekommenen Kreditgeschäfte rentabel abgewickelt werden konnte. Projekte, die nur mit der Bereitstellung von Kredit abgewickelt werden konnten, haben sich dann offenbar in vielen Fällen als erfolgreich für den Investor und, im Regelfall, damit auch erfolgreich für die Volkswirtschaft bewährt. Wir wissen natürlich nicht, wie viele Projekte, die den benötigten Kredit nicht bekommen haben, ebenfalls erfolgreich gewesen wären. Aber, das empirische Material, das zur Verfügung steht, spricht dafür, dass die Erfolgsquote dieser Projekte wesentlich geringer gewesen wäre.

Ganz ähnliche Überlegungen können wir auch für den internationalen Kapitalmarkt anstellen. Es spricht vieles dafür, dass die Qualitätskontrolle von Projekten durch erfahrene, professionelle Kreditgeber auch gegenüber staatlichen Kreditnehmern und gerade auch durch internationale Kredite, ein nützlicher Filter ist, wenn es um die geeignete Verwendung von öffentlichen Mitteln geht. Der internationale Kapitalmarkt kann dann in ähnlicher Weise als ein Wahrheitsmechanismus angesehen werden wie der nationale Kapitalmarkt.

Fazit: Der internationale Kapitalmarkt stützt die politischen Kräfte, die in der nationalen Politik gegen Illusionismus, Populismus und übermäßige Staatsverschuldung ankämpfen.

E   Kasino-Kapitalismus?

Es ist nicht Aufgabe dieses Buches, sämtliche Streitfragen und Diskussionspunkte des internationalen Kapitalmarktes anzusprechen und eindeutig zu beantworten. Das Wort vom Kasino-Kapitalismus oder Turbo-Kapitalismus stammt nicht von Personen, die sich die Transaktionen des internationalen Kapitalmarkts sehr genau angesehen haben. Es lehnt sich an die Vorstellung an, dass das riesige Volumen von täglich stattfindenden internationalen Transaktionen zurückzuführen ist auf die Versuche von Spekulanten, innerhalb von ganz kurzer Zeit sehr viel Geld zu machen, auf Kosten aller anderen. Nun ist es aber nicht sehr plausibel, dass solche Operateure sehr lange dabei sind. Es mag sein, dass einige exzeptionelle Personen dabei sehr viel Geld verdient haben. Aber der Durchschnittshazardeur verliert so oft wie er gewinnt und hat- wenn er dann einmal Pech gehabt hat – recht bald ausgespielt. In stetiger Weise Geld verdienen auf diesen Märkten Personen und Unternehmen, die nur sehr begrenzte Risiken eingehen und die sich auf ganz bestimmte Geschäfte relativ eng spezialisieren. In diesem Bereich verhalten sie sich professionell und tragen auch dazu bei, dass die Weltwirtschaft besser läuft. Sie haben einen positiven Nutzen für die übrige Welt. Ich werde hierfür gleich einige Beispiele nennen.

Das grosse Transaktionsvolumen auf den Devisenmärkten kommt im Übrigen vor allem durch Absicherungsgeschäfte zustande, deren Funktion es ist, Risiken gerade loszuwerden, also das Ge-

genteil von dem zu tun, was ein Spekulant tut, der Risiken übernimmt. Ich schätze, dass volumenmäßig 80% aller internationalen
Finanztransaktionen nicht spekulativer Art sind. Von diesen ist ein
Teil direkt bezogen auf das internationale Warengeschäft: Zahlung
von internationalen Lieferungen, Finanzierung von Exportaufträgen
durch Handelskredite in fremder Währung, Akkreditive etc. Ein anderer, grösserer Teil sind »Hedging-Transaktionen«, d.h. Transaktionen, deren Zweck und Wirkung es ist, eine Risikosituation abzubau-
en, nicht aufzubauen. Allein schon die nationale Bankenaufsicht erlaubt den jeweiligen Banken nur begrenzte Risikoübernahmen und
besteht darauf, dass jemand, der in DM (bzw. jetzt Euro) bilanziert,
bei der Vergabe eines Dollarkredits an einen Kunden das Wechselkursrisiko in der Regel absichert, also »hedget«, um neudeutsch zu
reden. Die Bank muss dann zum Beispiel ihrerseits sich in gleicher
Höhe in Dollar verschulden, oder Dollar kongruent zur Fristigkeit
des Kredits auf dem Terminmarkt verkaufen, oder sonst irgendwie
das Wechselkursrisiko loswerden.

Die neuen Finanzinstrumente wie Optionen, Swaps etc. erlauben
nun zahlreiche neuartige Formen sowohl des Spekulierens als auch
des Absicherns. Für beide Zwecke werden diese Instrumente eingesetzt. Einer einzelnen Transaktion kann man nicht ansehen, was sie
ist, spekulativ oder absichernd. Das ergibt sich erst aus dem Gesamt-
zusammenhang sämtlicher Transaktionen eines Wirtschaftsteilnehmers. Diese gebündelte Darstellung der Risikoposition eines jeden
Wirtschaftsteilnehmers liegt aber statistisch nicht vor. Deshalb kann
man die Transaktionsstatistiken, die einem die Umsätze auf den verschiedenen Finanzmärkten angeben, gar nicht verwenden, um das
echte Risikovolumen zu ermitteln.

Natürlich gibt es »Spekulanten«. Aber die Profis unter ihnen, wie
gesagt, übernehmen nur sehr spezifische Risiken in Bereichen, in
denen sie sich sehr gut auskennen. Ich wähle einige Beispiele. Da ist
der »Market-Maker«. Eine Bank, die für den Bruchteil einer Minute
oder für einige Minuten das Risiko einer grösseren Devisenposition
eingeht, tut dies vielleicht, weil ein Kunde, z.B. ein Industrieunternehmen, aufgrund eines unternehmensinternen Ereignisses – wie
der Nachricht von der Erteilung oder Absage eines grösseren
Auftrags – sich sehr rasch von dieser Position lösen wollte und es
der Bank anbietet. Die Bank übernimmt die Devisenposition. Sie tut

damit erstens dem Kunden einen Gefallen und hofft zweitens, damit ein Geschäft zu machen. Sie erwirbt diese Position zu einem für sie günstigen Kurs, so dass sie erwarten kann, in den nächsten Minuten daran etwas zu verdienen. Im Durchschnitt wird sie daran auch etwas verdienen, aber nicht in jedem Einzelfall. Wer hat jetzt einen Schaden erlitten durch diesen spekulativen Akt? Sicher nicht das Industrieunternehmen, das sein Risiko in dem gewünschten Moment sofort losgeworden ist. Wer sonst? Die Bank gewinnt oder verliert, aber im Durchschnitt gewinnt sie mit solchen Geschäften. Und weshalb? Weil die Risikoübernahme ein Service ist, eine Dienstleistung, für die man bezahlt sein will. Dass sie im Übrigen den Kunden bei dieser Gelegenheit als seriöse Bank nicht »übers Ohr haut«, dafür sorgt schon die Konkurrenz zwischen den Banken um die Gunst der Kunden.

Ganz ähnliches gilt für den Market-Maker, der sich auf den Kauf und Verkauf einer ganz bestimmten Aktie spezialisiert. Sein Service ist, dass er es während der Börsenzeit – und vielleicht auch zu anderen Tageszeiten – jedem Interessenten ermöglicht, sofort diese Aktie zu verkaufen bzw. zu kaufen. Dafür, dass dieser Market-Maker diesen Service zur Verfügung stellt, lässt er sich dadurch belohnen, dass sein Kaufpreis niedriger liegt als sein Verkaufspreis, dass es also einen »Spread« zwischen diesen Preisen gibt. So kann er bei normalem Zufallsverlauf des Aktienpreises damit rechnen, die Aktie im Durchschnitt etwas günstiger zu kaufen als er sie verkauft. Der »Spread« kann aber nicht allzu hoch sein, weil er als Market-Maker Konkurrenten hat, an die sich seine Kunden auch wenden können. Der Service ist, dafür zu sorgen, dass das Wertpapier »liquide« ist, also jederzeit erworben und abgestoßen werden kann. Auch dieser »Spekulant« ist für seine Umgebung sehr nützlich. Denn jeder Aktienbesitzer ist froh, wenn er weiß, dass er jederzeit verkaufen kann. Und jeder potentielle Aktienbesitzer ist froh, wenn er weiß, dass er jederzeit kaufen kann. Und für diesen Service wird der Market-Maker bezahlt, verdient er im Durchschnitt seiner Transaktionen, so wie ein Friseur für einen Haarschnitt auch bezahlt wird.

Betrachten wir nun ein Unternehmen, das sich als Großhändler auf einen bestimmten Rohstoff konzentriert, zum Beispiel Kaffee. Dieser Großhändler ist einer der bestinformierten über Kaffee. Praktisch jede marktrelevante Information auf der Erde über Kaffee ist ihm bekannt. Seine Kauf- und Verkaufsorders an der Warenbörse beziehen sich nur auf Kaffee. Indem er diese Orders gibt, versucht er natürlich, Geld zu verdienen. Das wird er langfristig auch tun, weil er eben gut informiert ist. Aber er kann ja nur verdienen, wenn er im Durchschnitt zu niedrigeren Preisen kauft als er verkauft. Da es aber an der Börse in jedem Moment nur einen Preis gibt, heißt dies: der Händler kauft zu Zeitpunkten, zu denen der Preis niedriger ist als im Mittel, und er verkauft zu Zeitpunkten, zu denen der Preis höher ist als im Mittel. Das aber bedeutet: Seine erfolgreiche »Spekulationstätigeit« ist ein Service für alle anderen. Der informierte Händler sorgt nämlich dafür, dass der Kaffeepreis weniger stark schwankt, als er ohne die Transaktionen des Händlers schwanken würde. Wenn der Preis niedriger ist als im Mittel, dann stützt der Händler den Preis durch seine Kauforder; wenn der Preis höher ist als im Mittel, dann dämpft er den Preis durch seine Verkaufsorder. Der gut informierte Spekulant »glättet« durch seine Tätigkeit den Marktpreis, zum Nutzen der anderen, weniger informierten Marktteilnehmer. Ich sage dazu, dass dieser »Service« sehr lukrativ sein kann, wenn man ihn gut erbringt. Dazu gehört aber sehr viel: man muss ständig besser informiert sein als die anderen. Das kann auf Dauer nur der Profi, der sich sein Netz von Informanten eine Menge Geld kosten lässt. Und seine Bäume wachsen nicht in den Himmel, da er Konkurrenz hat, die ähnlich gut informiert ist.

Was viele Menschen irritiert, sind die ständigen starken Schwankungen der Preise und Kurse an den internationalen Finanzmärkten. Ohne Zweifel sind diese Schwankungen in einem gewissen Sinne »irrational« und erwecken den Eindruck, dass Gewinnen und Verlieren auf diesen Märkten nichts mit Leistung und alles mit Glück zu tun haben, wie im Kasino. Die starken Schwankungen sind hervorgerufen durch das Delegationsproblem. Wer sein eigenes Vermögen verwaltet und gut informiert ist, der wird, wie oben am Beispiel des Kaffeegrosshändlers gezeigt, der Tendenz nach kaufen bei niedrigen Preisen und verkaufen bei hohen Preisen. Er wird damit beitragen zur Stabilisierung der Preise. Natürlich geht er ein Risiko ein, wenn er kauft, nachdem der Preis gefallen ist. Der Preis kann ja noch weiter fallen. Aber, im langfristigen Durchschnitt und bei hinreichend starker Spezialisierung auf Märkte, über die er gut informiert ist, wird er gewinnen. Er muss warten können. Der Entscheidungsträger, der im Auftrag anderer handelt, muss Erfolge rasch vorweisen, kann sich vorübergehende Misserfolge kaum leisten. Wenn nun die Beurteilung einer Aktie oder eines Landes und seiner Währung sich aufgrund neuer Informationen wandelt, und wenn dies zu einer Preisverschiebung nach oben oder unten führt, dann liegt die Strategie zur Vermeidung von kurzfristigen Misserfolgen darin, dass man mit dem Markt geht: verkaufen, wenn die anderen verkaufen; kaufen, wenn die anderen kaufen. Man wird in seiner »Performance« gemessen an den anderen Händlern, die in einer ähnlichen Situation sind. Ist man mit dem Markt gegangen, dann ist die eigene »Performance« nicht wesentlich schlechter als der Markt, also als die Konkurrenten. Ist man gegen den Markt gegangen, dann mag man wesentlich erfolgreicher sein, es mag einem aber auch passieren, dass man viel weniger erfolgreich ist. Das Lob und der Ruhm im ersten Fall wiegt den Schaden im zweiten Fall nicht auf, denn der kann darin bestehen, dass man seinen Job verliert. Deshalb gibt es in den modernen Märkten diese Herdeneffekte, die zu grossen Schwankungen führen können.

Wir stehen also vor einem zwiespältigen Ergebnis der zunehmenden Professionalisierung der Kapitalmärkte. Einerseits ist die Zeit der selbstherrlichen Industriekapitäne, die das Eigenkapital schlecht einsetzten, vorbei. Unter dem Zeichen von Shareholder Value wird mit Eigenkapital heute sparsamer, rationaler umgegangen. Andererseits entsteht ein zunehmender kurzfristiger Performance-Druck, der das genannte Herdenverhalten auslöst und damit zu grossen Schwankungen der Märkte beiträgt. Die Diskussion über einen internationalen Rahmen für die Kapitalmärkte muss weitergehen, wird aber angesichts dieser genannten Ambivalenz so bald keinen Konsens erzielen können.

Immerhin kann zweierlei hinzugefügt werden:

Der erste Punkt sind die künftigen Professionalisierungschancen durch die neuen Finanzinstrumente. Es geht hier um den Einsatz dieser Finanzinstrumente für die Risikoabsicherung, das Hedging. Wer im Sinne von Shareholder Value oder im Sinne des wohlinformierten Rohstoffhändlers sich professionell auf einen kleinen Sektor des Gesamtmarkts spezialisiert und dort gut informiert seine Dispositionen trifft, dem stehen durch die neuen Finanzinstrumente viel bessere Möglichkeiten offen, sich gegen Risiken abzusichern, die nicht zu seinem Kerngeschäft gehören, mit denen er sich nicht weiter befassen will. Dies soll an einem Beispiel erläutert werden. Wer sich auf das Investieren in Aktien der pharmazeutischen Industrie spezialisieren will, der ist konfrontiert mit dem allgemeinen Marktrisiko des jeweiligen Landes. Will er zum Beispiel Pfizer-Aktien in sein Portefeuille nehmen, dann trägt er auch das Risiko mit, dass die von ihm gekauften Aktien nicht aus unternehmensspezifischen, sondern aus gesamtwirtschaftlichen Gründen sinken. Eine Finanzkrise irgendwo in der Welt wird alle amerikanischen Aktien sinken lassen, und so auch die von ihm gekauften. Früher konnte er gegen die Übernahme dieses Risikos wenig tun, wenn er überhaupt Aktien kaufte. Heute hat man die Möglichkeit, eine sogenannte Put-Option auf den amerikanischen S&P-Index (Standard & Poors-Index) zu kaufen.

Was ist eine Put-Option? Eine Put-Option auf eine Siemens-Aktie ist das Recht, eine Siemens-Aktie zu einem im Optionsvertrag bestimmten Preis innerhalb einer gewissen Zeit an den Vertragspartner zu verkaufen. Wer auf ein Sinken des Siemens-Kurses spekulieren will, kann dies tun, indem er diese Put-Option kauft: sinkt der Kurs tatsächlich, dann kann er sich die Siemens-Aktie auf dem Markt billiger kaufen und sie zu dem höheren früher vereinbarten Optionspreis an den Geschäftspartner verkaufen, der ihm die Put-Option eingeräumt hat. Nun gibt es auch Put-Optionen nicht nur für jeweils eine einzelne Aktie, sondern für ganze Aktienbündel. Einige solcher Aktienbündel sind repräsentativ für die Entwicklung des Gesamtmarkts. Wir kennen sie unter dem Namen Dow-Jones-Index, DAX-Index etc. Ein derartiges recht breites Bündel ist der S&P-Index.

Indem der Spezialist für Pharma-Aktien nun Pfizer-Aktien kauft und gleichzeitig Put-Optionen für den S&P-Index erwirbt, kann er sich des in der Pfizer-Aktie mit enthaltenen Risikos der allgemeinen Marktentwicklung entledigen. Er trägt dann nur noch das spezifische Risiko der Kursentwicklung der Pfizer-Aktie relativ zur allgemeinen Marktentwicklung. Er verdient, wenn Pfizer besser abschneidet als der Index und das auch dann, wenn Pfizer absolut sinkt, aber weniger stark als der Durchschnitt aller anderen Aktien, die im S&P-Index enthalten sind. Und er verliert, wenn Pfizer schlechter abschneidet als der Index und das auch dann, wenn Pfizer absolut steigt, aber weniger stark als der S&P-Index.

Die modernen Finanzinstrumente ermöglichen es somit, dass man sich den Bereich, in dem man Risiken zu übernehmen bereit ist, nach Maß zurecht schneidet. Diese maßgeschneiderten Risiken entsprechen viel besser der eigenen Risikokompetenz, d.h. dem Gebiet, in dem man sich auskennt, auf das man spezialisiert ist, in dem man »Profi« ist. Es ist dies eine sehr bedeutsame Entwicklung in dem säkularen Prozess der zunehmenden Arbeitsteilung, der zunehmenden Professionalisierung. Ähnlich, wie der Chirurg und der Internist zusammenarbeiten, um mit ihrem gemeinsamen Wissen und Können dem Patienten am besten zu helfen, so kann durch die modernen Finanzinstrumente eine neue Form der kooperativen Spezialisierung bei der Vermögensanlage entstehen. Es kann nun der Spezialist für eine Branche ruhiger schlafen, weil ihm das Risiko für die allgemeine Marktentwicklung abgenommen wird von einem mehr volkswirtschaftlich ausgerichteten Spezialisten für die allgemeine Marktentwicklung. Dieser wird interessiert sein, »einen Index zu kaufen«, d.h. sich gerade nicht auf eine Branche zu spezialisieren. Ihm wird es recht sein – wenn der Preis stimmt – eine Put-Option auf den S&P-Index zu verkaufen, wenn er mit generell steigenden Aktienkursen rechnet.

Die hier angedeuteten weiteren Professionalisierungstendenzen haben sich noch nicht voll auf das Marktgeschehen ausgewirkt. Der Prozess weiterer Spezialisierung benötigt immer Zeit, selbst, nachdem das theoretische Potential schon vorhanden ist. Er geht allerdings in einer Branche wie der Vermögensverwaltung sicher schneller als in einem Bereich wie der Medizin. Meine Prognose ist, dass diese zusätzliche Spezialisierung sich stabilisierend auf die Märkte auswirkt. Sie wird es attraktiver machen, sich auf Branchen zu konzentrieren und damit die Finanzmittel innerhalb einer solchen Branche rationaler verteilen. Sie wird es für das an der Aktienanlage interessierte Publikum leichter möglich machen, bestimmte Risiken, wie zum Beispiel das allgemeine Marktrisiko, zu vermeiden. Der Arzt hat als Vermögensbesitzer vielleicht eine Affinität zu Pharma-Aktien, wenn es um seine Altersvorsorge geht, der Ingenieur zur Automobilbranche etc. Die generelle Volatilität des Aktienmarktes kann ausgeschaltet werden. Es verbleibt dann das sehr viel überschaubarere Risiko der spezifischen Branchenvolatilität relativ zur allgemeinen Aktienentwicklung. Ich sehe für die Zukunft einen rationaleren, professionelleren Anleger auf den Aktienmärkten. Der Branchenspezialist wird das Shareholder Value-Prinzip weiter betonen. Er wird aber, gerade wenn er das allgemeine Marktrisiko los wird, seiner eigenen Perfomance-Messung jeweils mit grösserer Gelassenheit entgegensehen. Denn die Performance ist jetzt sehr viel weniger zufallsbedingt und hat eine wesentlich grössere Komponente der eigenen Leistung. Diese grössere Selbstsicherheit wird ihn veranlassen, seine Kurzfristorientierung zu vermindern, seinen Auftraggebern überzeugender klarzumachen, dass sich das Warten lohnt. Und dies wird den ganzen Markt sachverständiger, weniger kurzfristorientiert machen.

Die Entwicklung in die Richtung weiterer Spezialisierung und Professionalisierung des Aktienmarkts hat schon heute gewichtige Folgen für die Struktur der Unternehmen. Der Spezialist für Pharma-Aktien befasst sich nicht gern mit den Risiken der nicht-pharmazeutischen chemischen Industrie. Er kauft deshalb nicht gern die Aktie eines Unternehmens, das sowohl im pharmazeutischen, als auch im nicht-pharmazeutischen Bereich tätig ist. Deshalb sind die entsprechenden konglomeraten chemischen Werte an der Börse vernachlässigt. Dies hat dazu geführt, dass in den letzten Jahren sich manche konglomeraten Unternehmen aufgeteilt haben in je ein Unternehmen, das zu 100% pharmazeutisch ist und ein Unternehmen, das nur im übrigen chemischen Bereich tätig ist. Dies aber erscheint sinnvoll aus der Sicht auch einer professionelleren Führung dieser Unternehmen. Der Anstoß für diese Aufspaltungen kam aber von den institutionellen Vermögensverwaltern.

Der zweite Punkt ist das Investieren in Festverzinsliche. Wir hatten in Kapitel 3, Abschnitt B darauf hingewiesen, dass die Kurzfristorientierung des Vermögensverwalters sich auch darin niederschlägt, dass er das Vermögen seines Auftraggebers vergleichsweise risikoscheu anlegt. Er investiert einen grösseren Teil in Festverzinsliche, einen kleineren Teil in Aktien und vergleichbaren Werten, als es der Vermögensbesitzer selbst tun würde, wenn er die gleichen Kenntnisse hätte wie der Verwalter. Diese Präferenz für Festverzinsliche als Folge des Delegationsverhältnisses kommt der Finanzierung von öffentlichen Haushaltsdefiziten entgegen. Das aber bedeutet, dass die im Abschnitt D angestellten Überlegungen ihre Gültigkeit behalten. Dort hatten wir den internationalen Kapitalmarkt als

Gegenkraft gegen die Kurzfristorientierung der Politik beschrieben. Gerade weil wegen der Risikoscheu der Vermögensverwalter der Kapitalmarkt für die öffentliche Hand so ergiebig ist, kann diese Gegenkraft des internationalen Kapitalmarkts wirken. Gerade deshalb kann sich eine antipopulistische Politik auf die Unterstützung durch die Kapitalmärkte verlassen.

Fazit: Die hohe Volatilität der Aktienmärkte und anderer Wertpapiermärkte ist hervorgerufen durch die delegationsinduzierte Kurzfristorientierung der Vermögensverwalter. Der internationale Finanzmarkt dient mehrheitlich nicht der Spekulation, sondern ihrem Gegenteil: der Risikoabsicherung. Langfristig erfolgreich tätige »Spekulanten« sind meist auf einen engen Teilbereich der Märkte spezialisiert, wo sie kraft ihres guten Informationsstands Geld verdienen. Sie stellen damit den anderen Marktteilnehmern einen nützlichen Service der Risikoübernahme und der Verminderung von Marktvolatilität zur Verfügung.

Teil III: Ein Rahmen für die globale Marktwirtschaft

10. WTO: Freihandel als Nucleus einer Welt-Friedensordnung und einer Welt-Rechtsordnung

«I welcome you, whose wise and patriot page
The road to wealth and peace hath well defin'd
Hath strove to curb and soften hostile rage,
And to unite, with int'rest's tie, mankind:
Dragg'd from his lonely den, and at thy feet
The bloated fiend Monopoly is thrown:
And with thy fame, its splendor to compleat,
The pride and hope of Britain blends his own.
Proceed, great soul, and error's shades disperse,
Perfect and execute the glorious plan;
Extend your view wide as the Universe,
Burst every bar that sep'rates man from man,
And neér may war's curst banner be unfurled,
But commerce harmonize a jarring world!»

Henry Addington (kurze Zeit auch britischer Premierminister in der Napoleonischen Zeit), Lobgedicht auf Adam Smith

In den vier Kapiteln des dritten Teils befasse ich mich mit den Perspektiven einer Weltwirtschaftsordnung, die geeignet ist, die drei wichtigsten Probleme der gegenwärtigen Welt zu lösen. Einer Weltwirtschaftsordnung, die zugleich politisch einigermaßen realistisch ist. Es hat wenig Sinn, sich eine Ordnung zu erträumen, deren Realisierungschancen Null sind. Was das im Einzelnen bedeutet, will ich später in diesen Kapiteln darstellen.

Die drei wichtigen Weltprobleme sind der Krieg, die Armut und die Zerstörung der Natur. In den folgenden beiden Kapiteln geht es um die Weltwirtschaftsordnung im engeren Sinn. Ich werde zeigen, dass diese Weltwirtschaftsordnung den Weg weist für die friedliche, nicht mehr kriegerische Austragung von Konflikten. Sie legt zugleich die Anreize und den Grundstein für Prosperität in den Ländern der Dritten Welt, und zwar nicht durch Entwicklungshilfe, sondern durch wirtschaftlichen Wettbewerb. Im vorletzten Kapitel geht es um ein gravierendes Umweltproblem, das Weltklimaproblem. Am Beispiel dieses Problems soll gezeigt werden, wie weltweite Prosperität der Schlüssel gerade auch für die Erhaltung unserer natürlichen Lebensbedingungen ist. Nur eine Strategie weltwirtschaftlichen Wachstums ist eine politisch realistische Strategie zur Lösung des Umweltproblems. Wir hatten im zweiten Teil gesehen, dass, wohlverstanden, die Globalisierung keine Beschränkung der nationalen Souveränität darstellt, sondern den Handlungsspielraum realistischer nationaler Politik erweitert. Dieser Handlungsspielraum aber sollte genutzt werden, in Ausübung der nationalen Souveränität, auch um im Weltgeschehen Vielfalt zu erzeugen. Diese Vielfalt brauchen wir als Weltgesellschaft, um unsere Lernmöglichkeiten zu erweitern. Unnötige Vereinheitlichung ist schädlich, weil sie im Zweifel verkehrte Lösungen allgemeinverbindlich macht.

Nur, wenn Veränderung und Dynamik in hinreichendem Maß stattfindet, besteht Hoffnung für die Lösung der Weltprobleme. *Die wettbewerbliche Wirtschaft ist die Kraft der Veränderung, die Politik, sei sie demokratisch oder nicht, ist die Kraft der Beharrung und Bewahrung. Die Weltprobleme werden dadurch gelöst, dass man der Wirtschaft die Führungsrolle vor der Politik überlässt. Wenn unter dem Primat der Politik eine weitgehende Politisierung des Wirtschaftsgeschehens verstanden sein soll, dann kann dies nur in Stagnation, also letztlich in der Katastrophe enden.*

A Das General Agreement on Tariffs and Trade (GATT)

Im Abschnitt B des fünften Kapitels hatten wir die Vorteile eines freien Welthandels schon besprochen. Aus dem zweiten Kapitel kennen wir die Status quo-Orientierung der Interessengruppen und ihre daraus herzuleitende Wettbewerbsfeindlichkeit. Die von Interessengruppen stark beeinflusste nationale Wirtschaftspolitik hat zu allen Zeiten den protektionistischen Einflüssen ihr Ohr geliehen. Das politisch bedeutsamste Argument gegen Importbehinderungen kam jeweils von den Interessengruppen, die exportorientierte Branchen vertraten: wenn wir Importsperren einführen, dann tun das die anderen Länder auch, und das wird unsere Exporte behindern. Der Status Quo eines schon vorhandenen Exports vermochte einen Status Quo vorhandenen Freihandels politisch zu stützen. Außer in Krisenzeiten. So brachte die Weltwirtschaftskrise der dreißiger Jahre die noch vorhandene, allerdings durch Zölle schon abgeschwächte, Möglichkeit, international zu kaufen und zu verkaufen, immer mehr zum Einsturz. Dazu kam die ideologisch bedingte, aber auch militärstrategisch begründete Autarkietendenz der autoritären Regimes in Deutschland, Italien, Polen etc. Schon vor dem zweiten Weltkrieg war der internationale Warenverkehr, aber auch der internationale Kapitalverkehr sehr weitgehend stranguliert. Zum Schaden nicht nur der wirtschaftlichen Prosperität, sondern auch der persönlichen Freiheit. Die weitgehend entschädigungslose Enteignung jüdischen Eigentums in Deutschland während der dreißiger Jahre hatte die strenge Devisenbewirtschaftung, hatte die Abschaffung des freien Kapitalverkehrs zur Voraussetzung.

In der Umbruchszeit am Ende des zweiten Weltkriegs und danach ergab sich die historisch seltene Chance eines liberalen Neubeginns. Sie wurde von nationalökonomischen Ratgebern in den USA und Großbritannien genutzt, um ein multilaterales Abkommen zum Schutz des freien internationalen Warenaustauschs auf den Weg zu bringen, das am 1. Januar 1948 mit 23 Mitgliedsländern in Kraft trat: das General Agreement on Tariffs and Trade. Diese Chance eines liberalen Neubeginns wurde auch in Deutschland genutzt, wo Ludwig Erhard, gegen den damaligen Zeitgeist und gegen den Widerstand der Interessengruppen, aber mit Unterstützung der amerikanischen Besatzungsmacht, die wettbewerbliche Marktwirtschaft einzuführen vermochte, etwas, was nach dem Wiedererstarken der Interessengruppen wenige Jahre später schon nicht mehr möglich gewesen wäre.

Es ist nicht zuletzt der grosse gesamtwirtschaftliche Erfolg des GATT-Zeitalters zwischen 1948 und 1989, der, trotz aller Status quo-Orientierung der Politik, die Prinzipien des Wettbewerbs und der Globalisierung auch politisch hoffähig gemacht und fest verankert hat. Heute kann niemand mehr zurück. Die vom Export abhängigen Branchen sind in der Zwischenzeit politisch so gewichtig, dass sie ein solches Zurückdrehen verhindern können.

Dazu kommt der politische Erfolg der Europäischen Wirtschaftsgemeinschaft. Sie ist der historisch bisher einmalige Versuch, die politische Integration bisher souveräner Staaten auf friedlichem, gewaltfreiem Wege zu erreichen. Dabei ergab die Logik, dass dies nur möglich war, wenn man das Prinzip der nationalen Nichtdiskriminierung durchsetzte. Wie aber kann ein solches Prinzip operational gemacht werden? Das geht unter anderem dadurch, dass der einzelne Nationalstaat seine Bürger entlässt in die freie Wahl zwischen Produkten von inländischen und ausländischen Anbietern. Er muss die traditionelle Bevormundung des Bürgers in seiner Produktauswahl zugunsten heimischer Produkte beenden. Diese freie Wahl des Konsumenten, so wie wir sie auch im ersten Kapitel dargestellt haben, ist nur gegeben, wenn das vorherrscht, was der EWG-Vertrag den »unverfälschten Wettbewerb« zwischen den Anbietern verschiedener Nationalität nennt. Die Logik der friedlichen politischen Integration impliziert also die Herrschaft des freien Wettbewerbs auf den Märkten des zu integrierenden Gebiets. *Nur die Entpolitisierung der Märkte konnte den Souveränitätsanspruch der Nationalstaaten überwinden, der mit der politischen Integration Europas nicht mehr verträglich war. In diesem Sinne ist die Entpolitisierung der Märkte ein eminent politischer Vorgang. So wie er Voraussetzung für eine echte Demokratie ist, ist er auch Voraussetzung für den Prozess der gewaltfreien politischen Integration von bisher unabhängigen Nationalstaaten.*

B Die World Trade Organization

Nach Ratifizierung des GATT im Jahre 1947 und nach der darauf aufbauenden Liberalisierung des internationalen Warenhandels in den folgenden Jahrzehnten ergab sich das Bedürfnis nach einer Vervollkommnung des freien internationalen wirtschaftlichen Austauschs. Dies geschah in einem Abkommen, dem WTO-Abkommen, welches unter anderem die Welt-Handels-Organisation als Nachfolgerin des GATT etablierte. Dabei wurden die Prinzipien des freien Handels mit Waren auf neue Produktgruppen, insbesondere Agrarprodukte und zahlreiche Dienstleistungen ausgedehnt. Der freie Zugang der Länder der Dritten Welt zu den Warenmärkten der industrialisierten Länder wurde wesentlich verbessert. Ferner wurde ein Agreement on Trade Related Aspects of Intellectual Property Rights (TRIPS) geschlossen. In ihm verpflichten sich die Mitgliedstaaten zu einem Mindestschutz geistigen Eigentums und zur Abstellung diskriminierender Praktiken bei den staatlichen Patentämtern zu Ungunsten von Ausländern.

Entscheidend für ein Funktionieren eines solchen multilateralen Abkommens ist das Vorhandensein von Sanktionen gegen Staaten, die ihre Verpflichtungen im Rahmen des Abkommens nicht einhalten. Denn, ähnlich wie bei einem Abrüstungsabkommen, geht ein Staat A vor allem deshalb eigene Verpflichtungen ein, um die Staaten B, C, … zu veranlassen, ihrerseits Verpflichtungen einzugehen, die dem Staat A zugute kommen. Die Last der eigenen Verpflichtungen wiegt leichter als der Vorteil, der durch die Verpflichtung der anderen entsteht. So vorteilhaft insgesamt ein solches Abkommen auch ist, es besteht immer die Versuchung, die eigenen Verpflichtungen nicht allzu genau zu nehmen in der Erwartung, dass dies die anderen Mitglieder schon nicht veranlassen wird, einem selbst die Vorteile des Abkommens nicht zugute kommen zu lassen. Eine solche Haltung führt aber mit Sicherheit zu einem Kollaps der gesamten Vereinbarung. Das Abkommen hat nur dann eine Chance auf ein langes Leben, wenn das mit vereinbarte Sanktionensystem derart ist, dass es im Regelfall von mutwilligen Vertragsverletzungen abschreckt und dass es Streit schlichten kann im Fall von Auslegungsproblemen der Vereinbarung. So wie im nationalstaatlichen Recht eine Polizei mutwillige Rechtsverletzungen verhindern und ein Gerichtssystem Auslegungsprobleme lösen können muss, so muss es ein internationales Sanktionensystem zum Schutz eines internationalen Abkommens geben.

Das WTO-System zum Schutz des Freihandels hat die Institutionen zur Sanktionierung von Vertragsverletzungen verstärkt. Wenn ein Mitgliedsstaat der Auffassung ist, dass ein anderes Mitglied seine Verpflichtungen nicht einhält, dann kann es jetzt nicht mehr, wie beim GATT, von sich aus zu Gegenmaßnahmen (Retorsionsmaßnahmen) in der Form von Importbeschränkungen aus diesem Land greifen. Es muss zuerst die Einsetzung eines Panels von Sachverständigen beantragen, die sich ein Urteil über den Streitfall zu bilden haben. Dem Spruch dieses Panels müssen sich die streitenden Parteien beugen. Sollte die klagende Partei Recht behalten, so kann sie nunmehr zu Retorsionsmaßnahmen greifen, wenn die beklagte Partei nicht inzwischen die fraglichen Maßnahmen zurückgezogen hat. Die Gefahr einer Eskalation von Gegenmaßnahmen im Rahmen eines Handelskrieges soll dadurch vermindert, wenn nicht beseitigt werden. Das Sanktionensystem sieht bei massiven Vertragsverletzungen auch schließlich den Ausschluss eines Mitglieds vor. Eine solche Sanktion ist aber wohl eher unwahrscheinlich, und wird hoffentlich nicht nötig werden.

Es gibt auch nach diesem 1994 geschlossenen Abkommen keine volle Klarheit, was die Verpflichtungen der Mitgliedstaaten sind. Dies soll am Beispiel des Gesundheitsschutzes deutlich gemacht werden. Das Abkommen lässt Importbeschränkungen aus Gründen des Gesundheitsschutzes zu. Zwischen verschiedenen Staaten können unterschiedliche Auffassungen darüber bestehen, ob bestimmte Verbote und Gebote zum Schutz der Gesundheit erforderlich sind oder nicht. Wenn nun ein Staat solche Verbote oder Gebote einführt und dieses sich auswirkt wie ein Importverbot für bestimmte Waren, die in einem anderen Land nicht verboten sind, dann liegt hier ein Handelshemmnis vor. Zur Streitfrage kann nun werden, ob dies konform mit den WTO-Regeln ist. Diese Frage hat zwei Aspekte. Einerseits ist Gesundheitsschutz Sache der nationalen Autonomie. Andererseits darf der Gesundheitsschutz nicht als Vorwand für protektionistische Maßnahmen gegen den Freihandel dienen. In einem solchen Streitfall kommt das Expertenpanel nicht darum herum, sich eine Meinung darüber zu bilden, ob eine gesundheitspolitische Maßnahme, die ein Handelshemmnis ist, sich tatsächlich eignet, ein legitimes gesundheitspolitisches Interesse zu schützen, oder ob der handelsbeschränkende Aspekt überwiegt. Ich glaube nicht, dass es möglich ist, eine solche Frage abstrakt eindeutig zu beantworten. Die Fallpraxis wird zeigen, wie dieses Spannungsverhältnis zu lösen sein wird.

C Der Kern einer Friedensordnung

Wie das Lobgedicht auf Adam Smith am Anfang des Kapitels zeigt, ist die Idee sehr alt, dass der freie Handel zwischen den Völkern den Krieg zwischen ihnen verhindert. Die bisherige Geschichte hat diese Hoffnung nicht bestätigt. Der erste Weltkrieg ist ausgebrochen zwischen Staaten, die noch kurz zuvor einen vergleichsweise freien Handel unterhielten, und zwischen denen freier Kapitalverkehr möglich war. Was soll nun anders sein als früher?

Eine Garantie für friedliche Beziehungen zwischen den Mitgliedsstaaten der WTO gibt es nicht. Es wird sie auch in absehbarer Zeit nicht geben. *Die WTO stellt aber ein wirksames Sanktionensystem, das ohne die Drohung mit dem Einsatz von Waffen jenseits der jeweiligen nationalen Grenzen auskommt.* Das Sanktionensystem ist deshalb wirksam, weil es mit der Sperrung des internationalen Marktzugangs drohen kann, der für die meisten Länder angesichts ihrer Einbettung in die Weltwirtschaft von entscheidender Bedeutung ist. Das Zwangssystem des Wettbewerbs der Produzenten, das wir im ersten Kapitel beschrieben haben, wirkt sich hier aus als der Zwang für die WTO-Mitglieder, all die Spielregeln einzuhalten, die die Voraussetzung für den Absatz ihrer Produkte im Wettbewerb mit anderen Mitgliedsländern darstellen. So wie beim einzelnen Unternehmen erzwingt der wirtschaftliche Wettbewerb als Zwangssystem das systemkonforme Verhalten der Länder.

Im Streitschlichtungsverfahren der WTO entsteht eine Handelsgerichtsbarkeit auf internationaler Ebene. Angesichts der Sanktionen, die die WTO verhängen kann, werden ihre Urteile maßgebend sein. Wenn man sieht, welche Rolle der Europäische Gerichtshof im bisherigen europäischen Integrationsprozess gespielt hat, dann sieht man die potentielle Wirkungskraft einer solchen richterlichen Instanz. Die Urteile des Europäischen Gerichtshofs waren integrationsfreundlich, aber gerade deshalb zum Teil sehr einschneidend für die betroffenen Mitgliedsstaaten. Dennoch wurde von keinem Mitgliedsstaat je ernsthaft erwogen, wegen eines solchen Urteils wieder aus der Europäischen Wirtschaftsgemeinschaft auszuscheiden. Die drohende Sanktion, den Zugang zu den nationalen Märkten der anderen Mitgliedsstaaten erschwert zu bekommen, wenn man sich nicht vertragstreu verhielt, war so massiv, dass Vertragstreue immer

die bessere Alternative war; und dies verschaffte auch den unbequemen Folgen der Vertragsauslegung durch den Europäischen Gerichtshof Nachachtung.

Mit dem Ende des Ost-West-Konflikts hat sich die Kriegsgefahr in
ihrer Struktur gewandelt. Es geht vorerst nicht um den ganz grossen
Krieg. Und es gibt eine Gruppe von Staaten, zwischen denen ernst-
hafte kriegerische Auseinandersetzungen undenkbar geworden sind.
Dazu gehören die meisten west- und mitteleuropäischen Staaten,
die nordamerikanischen Staaten, Australien und Neuseeland, und
möglicherweise auch heute schon Japan und andere ostasiatische
Staaten. Es ist kein Zufall, dass es sich hier um die am weitesten entwickelten Länder der Welt handelt. Ich möchte für das folgende Argument diese Länder als A-Länder bezeichnen.

Wenn nun im Rahmen der WTO sich eine Wirtschaftsstruktur
herausbildet, in der die anderen WTO-Länder sich immer stärker
auf die Absatzmöglichkeiten in den A-Ländern ausrichten, so liegt
das in ihrem eigenen unmittelbaren wirtschaftlichen Interesse. Wir
hatten im fünften Kapitel schon davon gesprochen, dass die Globalisierung sehr stark auch auf dem Erfolg beruht, den diejenigen nach-
kommenden Länder gesamtwirtschaftlich verzeichnen konnten, die
sich der Disziplin des internationalen Wettbewerbs insbesondere
mit den fortgeschrittenen Ländern stellten. Diese gute Erfahrung
wird zur Nachahmung anstacheln und wird die A-Länder zu Ziel-
märkten der meisten übrigen Mitglieder der WTO machen. Nach
wenigen Jahrzehnten wird die Abhängigkeit von den Märkten der
A-Länder so gross geworden sein, dass es kaum noch denkbar ist,
dass die anderen Länder sich leisten können, den Zugang zu diesen
Märkten unterbrochen zu sehen.

In einer solchen Situation entsteht dann die Frage: was passiert
eigentlich, wenn eines dieser Länder ein anderes ernsthaft mit
Krieg bedroht? Man kann durchaus erwarten, dass Kriege zwischen kleineren Ländern mit unterentwickelter Wirtschaft weiterhin stattfinden werden. Aber es erscheint als wenig wahrscheinlich, dass dann schon hochentwickelte Länder sich noch leisten
können, den Marktzugang zu den A-Ländern zu riskieren, indem
sie militärisch gegen eines von ihnen vorgehen. Und sie werden
diesen Marktzugang riskieren, wenn sie militärisch handgreiflich
werden oder auch nur damit drohen. Denn ein solcher Aggressor

würde von den A-Ländern als massiver Störenfried angesehen werden.

Krieg ist in den internationalen Beziehungen die ultima ratio. Der Einsatz dieser ultima ratio ist umso wahrscheinlicher, je weniger reichhaltig das übrige »Arsenal« an Sanktionen ist. Je länger und intensiver die Globalisierung die nationalen Produktionssysteme in den Dienst von Kunden jenseits der eigenen Landesgrenzen stellt, desto umfangreicher wird das nichtmilitärische Sanktionssystem, das gegen ein Land eingesetzt werden kann, welches die üblichen Konventionen des internationalen Umgangs verletzt.

Was ich hier entwickle, ist eine Art Umkehrung der alten Imperialismustheorien, etwa von Rosa Luxemburg. Dort ging es darum, dass die Suche nach Absatzmärkten die führenden kapitalistischen Nationen zwang, sich mit militärischer Macht Imperien aufzubauen, in denen der Absatz im Rahmen eines privilegierten nationalen Zugangs gesichert werden konnte. Die Unmöglichkeit, diese Absatzsicherungsstrategie angesichts der Endlichkeit der Welt ad infinitum fortzuführen, musste nach diesen Theorien schließlich zum grossen kriegerischen Konflikt zwischen den imperialistischen Mächten führen.

Heute nun ist das System der Globalisierung zunehmend ein System des gleichberechtigten, nicht privilegierten Marktzugangs. *War im alten Gedankengebäude der Marktzugang militärisch abgesichert, so ist er heute vertraglich, durch multilaterale Gegenseitigkeit gewährleistet, bei der die militärische Gewalt gerade bewusst keine Rolle spielen soll und auch nicht spielt. Die Notwendigkeit, diesen Absatzzugang zu sichern, erzwingt gerade die Einhaltung der nichtmilitärischen Spielregeln, erzwingt die militärische Enthaltsamkeit.*

Noch sind wir von einer solchen Welt weit entfernt. Die Rüstungsindustrie findet in Waffenexporten reichlich Absatz. Die meisten dieser Waffen werden eingesetzt in Kriegen, die man als Bürgerkriege bezeichnen kann, die manchmal, wie zeitweise in Jugoslawien, durch völkerrechtlich sanktionierte Abspaltung auch den Charakter von internationalen Kriegen annehmen. Gegenden, in denen Krieg geführt wird, haben nicht die Möglichkeit, währenddessen eine Wirtschaft aufzubauen, die – von mineralischen Rohstoffen abgesehen – in der Lage wäre, auf den Weltmärkten Absatz zu finden. So ist die Möglichkeit, sich durch friedlichen Aufbau Wohlstand zu erwerben, zu weit entfernt, um die Parteien zur Einstellung ihrer Kriegshandlungen zu veranlassen. Der Krieg ist dann das nächstliegende Mittel zu überleben, ein Circulus Vitiosus. Ich habe für dessen Durchbrechung keine wohlfeilen Ratschläge anzubieten. Aber es scheint mir wert zu bemerken, dass dort, wo er durchbrochen werden kann, und mehr Wohlstand allmählich die Folge ist, die Abhängigkeit dieses Wohlstands von der Weltwirtschaft die Wahrscheinlichkeit vergrössert, dass man sich des Einsatzes militärischer Mittel endgültig entledigt.

11. Das internationale Finanzsystem nach den Finanzkrisen und nach Einführung des Euro

»Die historische Erfahrung lehrt uns: nachfolgende Länder haben den fortgeschrittenen Ländern noch nie ihre Schulden zurückgezahlt. Einzige Ausnahme sind die Vereinigten Staaten von Amerika – «

Edgar Salin, 1960, in seinen Vorlesungen an der Universität Basel.

A Dollar und Euro

Als Anfang der neunziger Jahre die europäischen Politiker, allen voran Helmut Kohl, sich anschickten, eine gemeinsame europäische Währung zu schaffen, überwog unter den Fachleuten die Skepsis. Die Deutsche Mark hatte sich als europäische Leitwährung etabliert, dank der Wirtschaftskraft der deutschen Volkswirtschaft, dank des historischen Ausweises vergleichsweise hoher Stabilität, dank der Verfassung der Bundesbank als unabhängige Zentralbank, die sich nicht für den Einsatz kurzfristiger Ziele der Politiker eignete. Indessen gab es sicher ein politisches Interesse daran, die so dominante nationale Währung der DM durch eine supranationale abzulösen. Niemand, auch den Deutschen nicht, konnte es recht sein, dass die deutsche Währung das europäische Geldwesen so eindeutig dominierte.

Als Ablösung für die DM gedacht, musste der Euro ähnliche Qualitätsmerkmale aufweisen wie die DM. So hat man die Unabhängigkeit der europäischen Zentralbank im Vertrag von Maastricht garantiert. Weiterhin hat man die beitrittswilligen Länder auf harte »Konvergenzkriterien« verpflichtet, die es als unnötig erscheinen lassen würden, dass Fiskalkrisen der Euro-Länder auftreten, in deren Verlauf Druck auf das Drucken von Geld entstehen könnte. Die hieraus resultierende Konsolidierung der Staatsfinanzen, die Konvergenz der europäischen Inflationsraten auf ein niedriges, praktisch nicht mehr von Null verschiedenes Niveau, und die resultierenden niedrigen Zinsen machten einen Start des Euro als stabile Währung möglich. Wir wollen im Folgenden einmal davon ausgehen, dass die Unabhängikeit der Europäischen Zentralbank für eine Politik sorgt, die den Euro stark bleiben lässt.

Weit mehr als 50% des Weltsozialprodukts werden in Ländern erzeugt, in denen der US Dollar oder der Euro die heimische Währung sind. Die Konjunkturentwicklung in den USA und im Eurogebiet wird immer etwas unterschiedlich sein. Die Geldpolitik und die allgemeine politische Lage werden verschieden sein. Entsprechend wird die relative Beliebtheit der beiden Währungen bei den Anlegern schwanken. Dies wird zu gewissen Schwankungen im Kursverhältnis zwischen beiden Währungen führen. Immerhin spricht manches dafür, dass diese Schwankungen zumindest solange nicht allzu gross sein werden, als die Anleger weltweit überwiegend den Eindruck haben, dass die beiden Zentralbanken einen Kurs der Preisstabilität fahren.

Mit diesem Szenario kann man den Dollar-Euro-Raum als Stabilitätszone der Weltwirtschaft ansehen. Stabile Preise, einigermaßen solide Staatsfinanzen, Freiheit des Kapitalverkehrs, ein weitgehend intaktes Banken- und Kreditsystem machen es attraktiv, sein Geld in einer dieser Währungen anzulegen. Solange die Lohnsteigerungen, wie in den USA seit längerem, wie in Europa seit wenigen Jahren, moderat ausfallen und von daher keine Kosteninflation droht, wird unter diesen Bedingungen auch die Konjunktur von der Binnenwirtschaft her keinen grossen Belastungen ausgesetzt sein.

B   Die Krise in Asien

In den achtziger und frühen neunziger Jahren war Ostasien durch ein historisch einmaliges wirtschaftliches Wachstum gekennzeichnet. In vielen Ländern verdoppelte sich das Sozialprodukt innerhalb eines Jahrzehnts. Man muss sich klar machen, was ein derart hohes

Wachstum eigentlich bedeutet. Es ist ja nicht so, dass sämtliche Sektoren der Volkswirtschaft mit dem gleichen Prozentsatz wachsen. So gab es in China zeitweise bei einem zehnprozentigen Wachstum der Gesamtwirtschaft ein Wachstum des Industriesektors von ca. 25% innerhalb eines Jahres. Das bedeutet, dass die Wirtschaftsstruktur, die Größenverhältnisse der Wirtschaftssektoren sich rasch verändern. Die Schwerpunkte der Produktionsstandorte verschieben sich ebenfalls schnell, ebenso wie die regionale Verteilung des Verkehrsaufkommens oder der Bedarf an verschiedenen Fachleuten. Diese erforderlichen Strukturänderungen sind in vielen Wachstumsprozessen der eigentliche Engpass. Denn die Struktur kann sich nicht beliebig schnell ändern.

Das hohe Wachstum hat dazu geführt, dass die Modernisierung der Gesellschaft in den asiatischen Ländern sehr ungleichmäßig erfolgte. Nicht alle Teile der Gesellschaft und der Wirtschaft konnten sich so schnell verändern und modernisieren wie es insbesondere die exportorientierte Industrie getan hat. Von einem Startpunkt aus, der gegenüber den führenden Industrieländern weit zurücklag, vermochte die ostasiatische Industrie sich sehr rasch technisch, logistisch, betriebswirtschaftlich und qualifikationsmäßig zu modernisieren. Zu den Bereichen, die der traditionalen Gesellschaft sehr viel stärker verhaftet blieben, gehörten sowohl die Politik als auch der Finanzsektor.

Es gibt – neben vielen anderen – einen wesentlichen Unterschied zwischen traditionalen, vormodernen Gesellschaften einerseits und modernen Gesellschaften andererseits. In modernen Gesellschaften finden wir eine klare begriffliche und weitgehend auch faktische Trennung zwischen Reichtum und politischer Macht. In traditionalen Gesellschaften gibt es eine faktische Konvergenz von Macht und Reichtum, und diese schlägt sich auch darin nieder, dass zwischen beiden häufig keine klare begriffliche Trennung gemacht wird. Auch in traditionalen Gesellschaften hat es quasi-moderne Sektoren gegeben, die diesem Konvergenzschema von Macht und Reichtum nicht entsprachen. So gab es die Schicht der Händler, die in der Regel wohlhabend, gar reich waren, die aber in aller Regel keine politische Macht und nur ein geringes Sozialprestige besaßen. Diese Berufsgruppen waren dann vielfach die Zuflucht für Minderheiten, wie die der Juden in der christlichen Welt, wie die der Chinesen in zahlreichen nicht chinesischen Gesellschaften Asiens. Ihre politische Macht war gering. Sie erfüllten eine langfristig unentbehrliche wirtschaftliche Funktion. Aber ihr Dasein war immer prekär, weil sie nur einen geringen, da machtmäßig nicht abgesicherten, Rechtsschutz genossen. In Krisenzeiten, in denen langfristige Aspekte ohnehin in den Hintergrund treten, wurden sie, wenn sie einer religiösen oder ethnischen Minderheit angehörten, häufig ihres Wohlstands oder gar ihres Lebens beraubt, wobei allerhand Theorien von der illegitimen Bereicherung auf Kosten der übrigen Bevölkerung herhalten mussten, um diesen Raub und Mord, etwa im Rahmen von Pogromen zu rechtfertigen. In besseren Zeiten, mit vorübergehend grösserer Rechtssicherheit, »erkauften« sie sich das Wohlwollen der Mächtigen, indem sie ihnen Kredit zur Verfügung stellten. Die »Sicherheit« dieses Kredits war in aller Regel keine dingliche, sondern die Erwartung, dass der Kreditnehmer in der Lage sein würde, seine Macht zum eigenen Vorteil so zu nutzen, dass er schließlich den Kredit würde zurückzahlen können. Julius Caesar erhielt Unsummen Kredits wegen des Zutrauens seiner Gläubiger, dass er die Macht im Staat erringen werde.

In einer traditionalen Gesellschaft wird ein Großteil des Kredits somit vergeben nicht nach dem Kriterium, ob heute eine ausreichende dingliche Sicherheit da ist oder ob der Cash-Flow des Kreditnehmers ausreicht, den Kredit zu bedienen. Er wird vielmehr vergeben nach dem Kriterium, ob man als Kreditgeber sich mit dieser Kreditvergabe die Gunst der Mächtigen »erkaufen« kann und ob der Kreditnehmer hinreichend Einfluss hat, dafür zu sorgen, dass ihm schließlich genügend Mittel zufließen, aus denen er den Kredit zurückzahlen kann. Es gibt in der traditionalen Gesellschaft vielfach auch den Zwangskredit: der Kreditgeber hat angesichts der überlegenen Macht des Kreditnehmers gar keine andere Wahl, als den Kredit zu vergeben. Und es gibt den Wucherkredit an den armen Mann.

Der moderne, professionell vergebene Kredit basiert auf der Erfahrung, dass dingliche Sicherheiten echte Sicherheiten sind. Das Eigentum des Schuldners muss zweifelsfrei sein: es muss vor Zugriff der Mächtigen geschützt sein, sonst ist es keine dingliche Sicherheit. Die vom Gläubiger bewirkte staatlich veranstaltete Zwangsvollstreckung in das Eigentum des Schuldners muss in der Praxis funktionieren: der Schuldner darf in seinem Eigentum auch nicht von einem Mächtigen gegen den Zugriff durch den Gläubiger geschützt sein. Die dingliche Sicherheit ist ihrem Begriff nach angewiesen auf einen machtfreien, politikfreien Raum. Das moderne Kreditwesen basiert auf einem vertrauenswürdigen Rechnungswesen, so dass vergangene Geschäftszahlen etwas mit der geschäftlichen Realität zu tun haben. Und es basiert auf Mitarbeitern der kreditvergebenden Banken, die durch kaufmännische – nicht politische -Schulung und Erfahrung wissen, wie man es macht, dass man hinreichend viele Kredite vergibt, von denen nur hinreichend wenige zu »Problemkrediten« werden. Das moderne Kreditwesen setzt somit eine Welt voraus, in der Macht und Reichtum verschiedene Dinge sind. Eine Welt, in der auch die Mächtigen nicht die Macht haben, in die Eigentumsrechte anderer einzugreifen. Eine Welt, in der nicht so sehr Macht Zugang zu Krediten verschafft, sondern Vermögen, das als Sicherheit dienen kann, unabhängig davon, ob sein Eigentümer Macht hat oder nicht. Der moderne Kredit ist ein entpolitisierter Kredit.

Die ostasiatischen Gesellschaften sind ganz offensichtlich noch nicht in der Weise modernisiert, dass die Entpolitisierung des Reichtums schon in hinreichendem Maße vollzogen ist. Deshalb ist auch der Kredit dort zum Teil noch politisiert. Dieses traditionale Faktum lag wohl zum Teil versteckt hinter einem Kostüm technischer Modernität. An Computern, an Software, an Telekommunikation hat es den zusammengebrochenen Banken nicht gefehlt. Selbst Englischkenntnisse waren für die Auslandskontakte vorhanden.

Um Kredit zu bekommen, war somit nicht entscheidend die Professionalität als Unternehmer eines bestimmten Industriezweigs und der Nachweis hinreichenden Vermögens, das als Eigenkapital und Sicherheit dienen konnte. Entscheidend war, ob es politisch opportun war, dem Antragsteller Kredit zu geben. Diejenigen, die auf dieser Basis Kredit erhielten, wussten nunmehr mit diesem Kredit nicht so zu wirtschaften, dass daraus betriebswirtschaftlich – und somit in der Regel volkswirtschaftlich – eine gute Rendite herauskam. Die Fehlverwendung der Kredite mochte wegen des stürmischen Wachstums zeitenweise überdeckt worden sein. So offenbaren sich heute die Fehlentscheidungen der Investoren, die es ihnen unmöglich machen, die Kredite zurückzuzahlen.

Die daraus entstandene Kreditkrise nahm vor allem deshalb globale Züge an, weil die internationalen Banken den nationalen Banken Kredit gaben, wodurch es zu massiven Kapitalimporten in diese Länder aus den OECD-Ländern kam. Die internationalen Banken taten dies, wie manche meinen, zum Teil im Vertrauen auf die Wahrscheinlichkeit von Rettungsaktionen seitens des Internationalen Währungsfonds für den Fall, dass es zu Schwierigkeiten kommen sollte. So mag das Ausmaß der Finanzkrise vergrössert worden sein durch das Vertrauen darauf, dass es sich die Staatenwelt nicht werde leisten können, hier nicht rettend einzugreifen. Die Kurzfristorientierung der Politik mag hier antizipierend von den internationalen Banken einkalkuliert worden sein. Denn langfristig denkende Politiker sitzen eine Krise aus, die den internationalen Kreditgebern eine Lehre ist, sich nicht auf das Geld des Steuerzahlers als Ersatz für faul gewordene Kredite zu verlassen. Da aber der Steuerzahler als Wähler die Zusammenhänge nicht voll durchschaut, lobt er den Staatsmann, der auf seine, des Wählers und Steuerzahlers, Kosten eine Krise vermeidet.

Die ostasiatischen Länder werden aus dieser Krise gelernt haben. Die Entpolitisierung des Finanzsektors ist im Rahmen der Modernisierung dieser Gesellschaften ohne Zweifel auf dem Wege. Dass dies auch erforderlich macht, eine rechtsstaatliche Infrastruktur des Eigentumsschutzes und des Gläubigerschutzes aufzubauen, macht diesen Prozess der Modernisierung zu einer langwierigen Angelegenheit. In der Zwischenzeit wird man mit einem nur unvollkommen funktionierenden Kreditmarkt vorlieb nehmen müssen. Das hat Konsequenzen für die weitere Finanzierung des Wachstumsprozesses in dieser Region. Es hat auch Konsequenzen für den Wachstumsprozess selbst.

C Stabilisierung durch Internationalisierung

Im Folgenden gehe ich nicht im Detail auf Stabilisierungsaktionen etwa des Internationalen Währungsfonds oder der ihn finanzierenden Mitgliedsstaaten ein. Die asiatische Finanzkrise hat in der Zwischenzeit zu Anpassungen geführt, die zum Teil wohl destabilisierend gewirkt haben, deren Wirkung aber überwiegend stabilisierend waren, wenn auch auf einem niedrigeren Niveau des Welt-Sozialprodukts. Vor allem zeigt die Krise, dass es nur sehr begrenzt möglich ist, den Wachstumsprozess eines nachfolgenden Landes oder einer nachfolgenden Region von außen her durch Kapitalimport seitens der fortgeschrittenen Regionen zu finanzieren. Die Idee ist klassisch (neoklassisch) schön, ihre Realisierung aber schwierig: Länder, die rasch wachsen, um aufzuholen, benötigen mehr Kapital, als sie aufbringen können. Länder, die reich sind und geringeres Wachstumspotential haben, stellen gegen eine angemessene Rendite dieses Kapital zur Verfügung.

Die Schwierigkeiten kommen von den mangelnden Voraussetzungen der Kreditmärkte, wie wir sie im vorangehenden Abschnitt diskutiert haben. Der internationale Kapitaltransfer mit derart schlecht funktionierenden Kreditmärkten verursacht Reibungsverluste, deren Größenordnung nicht vernachlässigt werden kann. Im Folgenden gehe ich zuerst auf die Kräfte der automatischen, kurzfristigen Stabilisierung ein. Daran schließen sich Überlegungen längerfristiger Art an.

Die asiatische und die russische Finanzkrise hätten zu einer schwereren Welt-Konjunkturkrise führen können, wenn nicht die USA als Pol steigender Nachfrage angesichts guter Konjunktur zur Verfügung gestanden hätte. Es hat sich einmal mehr gezeigt, dass die internationale Verflechtung stabilisierend wirkt, wenn die Konjunkurentwicklung in den einzelnen Regionen ungleichzeitig erfolgt. Die US-amerikanischen Exporte nach Asien gingen stark zurück, während der so entstandene Nachfrageausfall insbesondere durch amerikanische Binnennachfrage ausgeglichen werden konnte, zum Teil in den gleichen Branchen (Informationstechnologie), zum Teil durch branchenmäßige Nachfrageverlagerung (der Flugzeugbau erlitt einen Absatzeinbruch). Natürlich führte dies zu einer Verschlechterung der Handelsbilanz der USA gegenüber Ostasien, der spiegelbildlich eine Verbesserung der Handelsbilanz Ostasiens gegenüber den USA gegenübersteht. So konnte sich die Nachfrage nach ostasiatischen Gütern durch die gut laufenden Exporte in die USA auf einem höheren Niveau stabilisieren, als das sonst möglich gewesen wäre.

Damit aber ist insgesamt die Leistungsbilanz der USA stärker ins Minus geraten. Diese passive Leistungsbilanz wird finanziert durch Kapitalimporte. Diese funktionieren relativ reibungslos, weil es in den USA hinreichend Schuldner mit guter Bonität gibt, die in die USA hineinströmende Anlagegelder als Kredite absorbieren können. Dazu gehören auch die Gebietskörperschaften, aber nicht nur diese. Der Weltkreditmarkt, die Weltkonjunktur wird dadurch stabilisiert, dass es diese Kreditnachfrage in den USA gibt.

Zugleich sind mit der durch die asiatischen Ereignisse abgekühlten Weltkonjunktur die Rohstoffpreise gesunken. Bei einem kurzfristig relativ starren Angebot auf den Weltrohstoffmärkten ist die erwartete Nachfrage nicht realisiert worden, was zu Preisverminderungen geführt hat. Hierdurch ist aber insgesamt das Weltpreisniveau gesunken. Die Gefahr steigender Preise hat sich vermindert, und dies erlaubte es den Zentralbanken in den USA und in Europa, die Zinsen zu senken, was heißt, dass sie ihren Volkswirtschaften mehr Liquidität zur Verfügung stellen konnten. Das hat die Binnennachfrage in den OECD-Ländern stimuliert.

Es muss angemerkt werden, dass der Beitrag Europas zur Stabilisierung der Weltkonjunktur wesentlich geringer war als der der USA. Im Vorfeld der Einführung des Euro und angesichts einer insgesamt wesentlich weniger flexiblen Wirtschafts- und Arbeitsmarktstruktur waren die nachfragestimulierenden Effekte wesentlich schwächer. Die nach dem Maastricht-Vertrag erforderlichen Konsolidierungsbemühungen bei den Staatshaushalten wirkten sich nachfragevermindernd aus. Nachdem nun der Euro einen guten Start gehabt hat, entsteht die Frage, ob Europa einen stärker stimulierenden Beitrag leisten kann. Ich werde auf diese Frage zurückkommen, nachdem ich im Folgenden einige mehr mittel- bis langfristige Überlegungen angestellt habe.

D Wachstumssymbiose der OECD-Länder und der Schwellenländer: das Beispiel NAFTA

Wie gesagt, es wäre in einer idealen Welt mit idealen Kreditmärkten möglich, die Tatsache zu nutzen, dass die Rendite von Investitionen in den Schwellenländern höher als in den OECD-Ländern ist, um Kapital zum Vorteil beider Ländergruppen von den letzteren in die ersteren zu transferieren. Gäbe es diese idealen Kreditmärkte in den Schwellenländern, dann wären diese allerdings vermutlich keine

Schwellenländer mehr, sondern schon hochentwickelte Länder. Aber all das ist irreal. In Wirklichkeit sind die Kreditmärkte der ostasiatischen, der ehemals sowjetischen und vieler lateinamerikanischer Länder alles andere als perfekt. Es lohnt sich deshalb, die Frage zu stellen, ob der Entwicklungsprozess dieser Länder auch ohne solche Kreditaufnahme in den OECD-Ländern funktionieren kann. Wie kann die OECD-Welt helfen, dass dies möglich wird?

Wenn Kapital in Ländern mit hohem Wachstumspotential knapp ist, dann wird es dort einen hohen Preis haben. Wenn Kapitalimport auf dem Kreditwege aus den diskutierten Gründen schwierig ist, dann wird dieser Preis hoch bleiben müssen. Wenn die Kreditmärkte aus dargelegten Gründen auch für die inländische Finanzierung nur beschränkt einsatzfähig sind, dann muss der Wachstumsprozess sehr weitgehend durch Eigenkapitalbildung finanziert werden. Dies geschieht, wie wir im Kapitel 8 ausführlich diskutiert haben, vornehmlich durch Reinvestition von Unternehmensgewinnen. Die Folgerung ist: der Wachstumsprozess kann nur funktionieren, wenn hohe private Unternehmensgewinne politisch toleriert werden. Es ist nicht klar, dass dies der Fall sein wird. Wir wollen aber einmal unterstellen, dass sie toleriert werden und dass Schritt für Schritt auf dem Wege der Modernisierung der Kapitalmärkte die Fremdfinanzierung eine wachsende Rolle wird spielen können.

Welche Rolle kann die OECD-Welt spielen, um den Wachstumsprozess in diesen Ländern zu fördern? Das muss in ihrem Interesse liegen, wie ich im kommenden Kapitel noch diskutieren werde. Funktioniert der Kapitaltransfer schlecht, so funktioniert vielleicht der Know-how-Transfer besser. Die beste Methode, diesen Know-how-Transfer zu gewährleisten, ist, dass die Schwellenländer einen offenen Marktzugang zu den OECD-Ländern haben. Sie sind dann veranlasst, mit den Unternehmen aus den OECD-Ländern selbst auf deren Märkten zu konkurrieren. Es gibt keinen besseren Weg, sich das Know-how der Konkurrenz zu erwerben, als mit ihr tatsächlich zu konkurrieren. Die Kunden werden einem dann erzählen, was sie brauchen, und das ist eine bedeutsame Informationsbasis für die Anbieter.

Darüber hinaus spricht aber manches dafür, dass die OECD-Länder, dem Vorbild der USA folgend, auch die Märkte, auf denen sich die Schwellenländer bewähren können, durch eine Politik gesamtwirtschaftlichen Wachstums grösser werden lassen. Je schneller die Gesamtnachfrage wächst, desto leichter ist es für Exporteure aus den Schwellenländern, sich auf diesen Märkten zu verankern und ihre Produkte erfolgreich zu verkaufen.

Als Beispiel für das, was mir hier vorschwebt, wähle ich die Nordamerikanische Freihandelszone (NAFTA), die vor einigen Jahren von Kanada, den USA und Mexiko eingerichtet wurde. Sie war politisch umstritten. So wurde sie zum Beispiel von den Gewerkschaften in den USA bekämpft, weil diese fürchteten, dass es zur Auswanderung von Jobs in das Niedriglohnland Mexiko kommen würde, auf Kosten der amerikanischen Arbeitnehmer. Seit ihrer Etablierung im Jahre 1993 haben sich die Handelsbeziehungen zwischen beiden Ländern sehr intensiviert. Innerhalb weniger Jahre haben sich die Exporte Mexikos verdoppelt. Das hat zu einem Wachstum von exportorientierten Jobs in Mexiko geführt, in denen sich eine Menge von Know-how angesammelt hat. Diese Exportmöglichkeiten haben einen wesentlichen Beitrag dazu geleistet, in der mexikanischen Bevölkerung Humankapital zu akkumulieren. Das ist ohne Zweifel ganz entscheidend für den weiteren Entwicklungsprozess Mexikos. Vor wenigen Jahren war Mexiko noch ein Land, das vor allem Rohstoffe exportierte, Rohöl an erster Stelle. Heute spielen die Ölexporte nur noch einen vergleichsweise bescheidenen Part bei den Exporten. Mexiko ist im Schwerpunkt ein Exporteur von Industrieprodukten geworden.

Die NAFTA wäre für Mexiko nicht so rasch zu einem Sprungbrett exportorientierten Industriewachstums geworden, wenn nicht die USA in den letzten Jahren ein so hohes gesamtwirtschaftliches Wachstum aufgewiesen hätten. Der Automobilabsatz in den USA war sehr hoch; und er ermöglichte der mexikanischen Autozulieferindustrie gute Export- und Expansionsmöglichkeiten. Sicher sind die Exporte auch deshalb noch zusätzlich gestiegen, weil die Peso-Krise im Jahre 1994 und 1995 die mexikanische Regierung zwang, einen Kurs der Kreditverknappung und des staatlichen Sparens zu fahren. Die verringerte heimische Nachfrage stimulierte sicher die Exporttätigkeit der mexikanischen Industrie, ebenso wie die Abwertung des Peso die Konkurrenzfähigkeit der mexikanischen Industrie gegenüber der amerikanischen Industrie verbesserte.

Die Peso-Krise war eine Art Vorläufer für die asiatische Finanzkrise. Sie zeigte die Verletzlichkeit eines Entwicklungslandes gegenüber Umschwüngen in den Anlagepräferenzen der internationalen Kapitalanleger. Deren Rolle ist von daher ambivalent zu sehen. Einerseits wurde Mexiko durch die Mexiko-Euphorie der Anleger in den frühen neunziger Jahren zu einem überehrgeizigen, auslandsfinanzierten Wachstumskurs verführt, der zugleich den dringenden Bedarf an politischen und wirtschaftlichen Reformen überdeckte. Andererseits wurde dann mit der Folge einer tiefen Krise in die andere Richtung übertrieben, als durch die Unruhen in Südmexiko die Kapitalflucht ausgelöst wurde,. Die Erfahrung dieses Falles lehrt, dass ein stark auslandsfinanzierter Wachstumskurs grosse Risiken mit sich bringt. Die seither eingetretene Konsolidierung lässt erwarten, dass Mexiko in Zukunft stärker mit eigenen Mitteln wachsen wird. Dies wird umso besser gehen, je besser die benachbarte US-amerikanische Volkswirtschaft floriert und je mehr damit Mexiko in die USA exportieren kann.

Wie hat sich die NAFTA für die USA ausgewirkt? Das befürchtete einseitige Abwandern der Jobs nach Mexiko ist nicht eingetreten. Zwar hat es Betriebsverlagerungen nach Süden gegeben und haben mexikanische Unternehmen amerikanischen in verschiedenen Märkten Marktanteile abgejagt. Aber zugleich hat sich Mexiko trotz der Peso-Krise als ergiebiger Markt für amerikanische Produkte erwiesen. Eine gute mexikanische Prosperität bedeutet einen guten Markt für amerikanische Produkte. Angesichts des Kapitalbedarfs des mexikanischen Wachstumsprozesses ist zu erwarten, dass jeder Dollar, den mexikanische Exporteure auf dem amerikanischen Markt erlösen, wieder in der Form von Nachfrage nach amerikanischen Produkten in die USA zurückströmt. In den USA ist zur Zeit ein Problem unzureichender Beschäftigung nicht zu erkennen. Was von manchen beklagt wird, ist die schlechte Bezahlung vieler Jobs. Wenn der intensivierte Austausch zwischen Mexiko und den USA dazu führt, dass weniger gut bezahlte Jobs aus den USA abwandern, und dafür Jobs für besser Qualifizierte aus zusätzlichen Exporten nach Mexiko entstehen, dann führte dies nicht zu weniger Arbeitsplätzen in den USA, sondern zu besser bezahlten.

Unsere Prognose, dass die Schwellenländer ihr Wachstum eher selbst finanzieren als sich durch die OECD-Länder finanzieren zu lassen, soll nicht missverstanden werden als ein Plädoyer gegen freie

Kapitalmärkte. Wie auch das Beispiel Mexiko zeigt, waren es gerade der Wunsch, NAFTA-fähig zu werden, und der freie Kapitalverkehr, die im Verlauf der letzten zehn Jahre das Land wesentlich demokratischer und rechtsstaatlicher, zugleich auch weniger populistisch gemacht haben. Ein Aufbrechen zahlreicher verkrusteter Strukturen war die Voraussetzung dafür, dass der Konkurrenzkampf mit amerikanischen Industriestandorten überhaupt aufgenommen werden konnte. Das Erfordernis, Kapitalflucht zu verhindern, hat in der Peso-Krise zu weiteren wichtigen Reformschritten und zu einer realistischen Budgetpolitik geführt. Wenn auch bei einem weniger nervösen Kapitalmarkt die Kosten der Krise, und damit der Reformen, für die Bevölkerung weniger hoch ausgefallen wären, so bleibt doch das Ergebnis, dass schwer durchsetzbare, aber langfristig fruchtbare Reformen mit Blick auf die Standortqualität für das Kapital durchgesetzt werden konnten.

E Der Staat als Ersatz für private Kreditnehmer?

Es ist bekannt, dass in den OECD-Ländern der Staat als Ersatzkreditnehmer praktisch automatisch einspringt, wenn eine Vertrauenskrise die Kreditmärkte erschüttert und dadurch eine gesamtwirtschaftliche Krise ausgelöst wird. Angesichts der Tatsache, dass der Staatshaushalt (inklusive Sozialversicherung) ungefähr so gross ist wie das halbe Bruttosozialprodukt, wirkt der Staat bei abnehmender Konjunktur wie ein »automatischer Stabilisator«: die Steuereinnahmen gehen mit der Konjunktur zurück, die Staatsausgaben bleiben konstant. So entsteht ein zusätzliches Defizit. Damit übernimmt sozusagen der Staat einen Teil des konjunkturell bedingten Rückgangs an Einkommen. Das nach Steuern verbleibende Einkommen geht um wesentlich weniger zurück als das Einkommen vor Steuern. Insbesondere wird dadurch der Gewinnrückgang der Unternehmen und damit der Rückgang ihrer Kreditfähigkeit abgemildert, was die Konjunktur stabilisiert. Der Staat finanziert dieses konjunkturbedingte Defizit durch Kreditaufnahme. Kraft seiner Steuererhebungsmacht muss der Staat den Gläubigern keine Sicherheiten bieten, um ein vertrauenswürdiger Kreditnehmer zu sein. Dieses ist der Grund, dass er als Ersatzkreditnehmer fungieren kann, wenn die Kreditgeber kein Vertrauen mehr in die üblichen Sicherheiten der anderen Kreditnehmer haben. All dies funktioniert allerdings dann nicht, wenn der Staat in der Vergangenheit sein Kreditaufnahmepotential schon voll ausgeschöpft hat, so dass er jetzt, in unsicheren Zeiten, keinen zusätzlichen Kredit mehr erhält.

Wir hatten oben dargestellt, dass in Schwellenländern die Kreditwirtschaft noch nicht hinreichend modernisiert und entpolitisiert ist, um das private Kreditwesen so effektiv zu machen wie wir es in den hochentwickelten Ländern gewöhnt sind. Kann hier nicht der Staat zur Stabilisierung der Situation nach dem Vorbild der OECD-Länder kraft seines Steuererhebungspotentials als Kreditnehmer einspringen?

Dass dies nicht oder nur sehr begrenzt möglich ist, liegt an den beschränkten Möglichkeiten des Staates in jenen Ländern. Der Staat hat dort nur ein geringes Steuererhebungspotential, das sich nicht vergleichen lässt mit dem der OECD-Länder. Das Erheben von Steuern erfordert, genau wie die Kreditvergabe, eine hohe Professionalität der zuständigen Personen, einen Rechtsstaat, auf den sich der Steuerzahler verlassen kann, d.h. ein weitgehend entpolitisiertes Steuerwesen. Die Marktwirtschaft bedarf der Sicherheit des Eigentums. Willkürliche, plötzliche Konfiskationsaktionen zur Aufbesserung der Staatskasse zerstören diese Sicherheit des Eigentums und wirken sich deshalb verheerend auf die Wirtschaftskraft eines Landes aus. Steuern müssen kontinuierlich, ohne zu abrupte Änderungen des Steuerrechts erhoben werden.

Die Erhebung von Steuern auf das Einkommen ist auch in den fortgeschrittenen Ländern erst vor rund einem Jahrhundert im grösseren Stil begonnen worden. Es geht hier um das facettenreiche Thema der Einkommensermittlung beim ehrlichen Steuerzahler und es geht um das Thema der Steuerhinterziehung. Die Steuererhebung ist korruptionsanfällig, weil sich Steuerzahler und Steuerbeamter zu beider Vorteil auf Kosten des Fiskus einigen können. Der professionelle Steuerbeamte hat in der Privatwirtschaft gute Berufschancen als Steuerexperte und Steuerberater, so dass es nicht einfach ist, ihn in der Steuerverwaltung zu halten. Die Rechtssicherheit in Steuersachen ist entscheidend für den unternehmerisch tätigen Steuerzahler. Sie muss durch eine professionell und zügig arbeitende Finanzgerichtsbarkeit gewährleistet werden.

All diese Voraussetzungen ergiebiger und zugleich volkswirtschaftlich nicht kontraproduktiver Steuern sind in noch nicht modernisierten Staaten nicht vorhanden. Sie aufzubauen ist ohne Zweifel ein politisch schwieriger Prozess. Er ist langwierig und eignet sich deshalb nicht als Teil einer Agenda von Politikern, die rasche Erfolge benötigen. Die Erhebung indirekter Steuern ist unter gewissen Bedingungen leichter. Aber auch hier bestehen Probleme der Steuerhinterziehung. Die Erfahrung ist, dass sich der Fiskus in den meisten Ländern außerhalb der OECD schwer tut, einigermaßen angemessene Beträge an Steuern einzunehmen.

Dies hat, wie die Geschichte zeigt, vielfach zu akuter Finanznot der öffentlichen Hand geführt. Die Bonität des Staats als Schuldner hat darunter gelitten, so dass der Staat in vielen Fällen auch gar nicht als Ersatzschuldner in Betracht kam. Häufig hat die Regierung sich gar nicht anders zu helfen gewusst, als sich Liquidität durch Gelddrucken zu verschaffen. Das hat dann sehr bald zur Inflation geführt, die in vielen Fällen ausartete in Hyperinflation. Der Staat kann dann nicht als stabilisierender Kreditnehmer auftreten. Nicht selten ist es der Staat selbst, der verantwortlich ist für das Entstehen einer Vertrauenskrise. Häufig sind es auch politische Instabilitäten, die derartige Vertrauenskrisen auslösen.

In einer grossen Zahl der Fälle hat der Staat bei den Schwellenländern somit nicht die Möglichkeit, sich in stabiler Währung bei seinen Bürgern im grossen Maß zu verschulden. Die Konsolidierung der Staatsfinanzen ist in all diesen Fällen das bessere Verfahren zur allmählichen Bildung von Vertrauen in den Staat und damit zur Bildung eines funktionsfähigen Marktes für Staatsanleihen und anderen Formen des Staatskredits. Allerdings wird man erwarten, dass ein Staat, der sich in der Lage sieht, die eigenen Staatsfinanzen in einen vertrauenswürdigen Zustand zu bringen, heutzutage auch willens und in der Lage ist, dafür zu sorgen, dass sich der privatwirtschaftliche Kreditmarkt professionalisiert und entpolitisiert.

F   Nachfragestimulierung in den fortgeschrittenen Ländern?

Vieles spricht dafür, dass angesichts der Probleme des Kapitaltransfers von der OECD-Welt in die Schwellenländer diesen besonders geholfen wird, wenn die Gesamtnachfrage nach Gütern und Dienstleistungen in den OECD-Ländern hoch ist. Das Geld fließt dann nicht in der Form der Verschuldung von Nord nach Süd, sondern in der Form der Bezahlung von bezogenen Waren. Das Vorbild sind hier die USA, in denen sich das Wachstum ohne Inflation in den letzten Jahren gut angelassen hat. Nicht nur sind dadurch in den USA viele Millionen zusätzlicher Jobs entstanden. Zugleich sind dank der Ergiebigkeit der amerikanischen Märkte auch viele Jobs in den Schwellenländern geschaffen oder gerettet worden. Warum kann Europa jetzt nach einem geglückten Start des Euro nicht auch stärker auf Wachstumskurs gehen?

Dies wäre im Prinzip auch ohne Inflation möglich. Allerdings muss man sich klarmachen, dass auch bezüglich der Bedingungen hierfür die USA eine wichtige Lehre bereithalten. Trotz raschen Anstiegs der Nachfrage nach Arbeitskräften sind die Löhne in den USA im Durchschnitt nur sehr moderat gestiegen. Das liegt daran, dass die Löhne in ihrer grossen Mehrheit nicht durch gewerkschaftliche Verhandlungsmacht, sondern durch die Bedingungen von Angebot und Nachfrage festgelegt werden. Die grosse Anpassungsfähigkeit der Arbeitnehmer hat zur Folge gehabt, dass auch die gestiegene Nachfrage nach Arbeit bei etwa gleichbleibenden Löhnen befriedigt werden konnte. Das geschah, indem die Arbeitnehmer länger arbeiteten (mehr Überstunden), indem sie später in Rente gingen, indem bisher nicht berufstätige Personen nun berufstätig wurden, indem die legale und die illegale Einwanderung zunahm. Es geschah auch durch umfangreiche, überwiegend privatwirtschaftlich finanzierte Umschulungsaktionen. Da der Arbeitgeber die Menschen dringend brauchte, kam er vielfach für diese Ausbildungstätigkeit auf. Auch dies ist natürlich eine Art Lohnerhöhung, die aber statistisch nicht als solche erfasst wird. Der Staat hat keine Rolle gespielt bei der Erhöhung der Beschäftigung. Dennoch ist das Arbeitsstundenvolumen in den USA pro Kopf der Bevölkerung 15 bis 25% höher als in Europa, wo sich der Staat in die Verantwortung für eine hohe Beschäftigung hat hineinziehen lassen. Keine Arbeitsmarktpolitik ist wohl doch die beste Arbeitsmarktpolitik.

Es ist nicht abzusehen, dass eine entsprechende Flexibilisierung des europäischen Arbeitsmarktes bevorsteht. Dieser wird vorerst hochgradig kartellisiert bleiben. Die Politiker bieten den Kartellen

Gespräche über ein Bündnis für Arbeit an und werten damit die Exponenten dieser Kartelle weiter auf. Denen aber ist daran gelegen, weitere Verkrustungen wie Überstundenverbote zu vereinbaren, und rechtfertigen diese damit, die knappe Arbeit müsse gerechter verteilt werden. Es werden zur Kaschierung von Arbeitslosigkeit Frühverrentungsanreize vereinbart, die einigen Arbeitnehmern auf Kosten des Steuerzahlers den früheren Übergang in die Rente versüßen. Die Gewerkschaften ihrerseits sind aber nicht bereit, für diese Vorteile Lohnzurückhaltung zu versprechen. Dies fällt ihnen naturgemäß schwer, denn das einfache Mitglied sagt sich: wozu zahle ich meinen Mitgliedsbeitrag, wenn meine Gewerkschaft nicht mal tüchtig auf den Putz haut?

Auch die Gespräche über einen europäischen Beschäftigungspakt werden kaum das Resultat haben, den Arbeitsmarkt flexibler zu machen. Die an den Gesprächen beteiligten Funktionäre auf Arbeitgeber- und Arbeitnehmerseite leben ja davon, dass sich der Wettbewerb auf den Arbeitsmärkten nicht einschleicht. Wenn solche Aktionen (statistisch) zu mehr Beschäftigung führen sollten, dann höchstens dadurch, dass vorhandene Arbeit gleichmäßiger verteilt wird, nicht dadurch, dass zusätzliche Arbeitsstunden geschaffen werden. Das Arbeitsvolumen kann so nicht erhöht werden.

Aus der Sicht der Schwellenländer wäre ein Aufschwung, ein höheres Arbeitsvolumen in Europa sehr erwünscht. Dies wäre der beste Beitrag, den Europa leisten könnte, um die weltweite Zahl der Arbeitsplätze zu erhöhen. Es würde Nachfrage schaffen für die Produkte der Arbeitskräfte in den Schwellenländern, in den Ländern der Dritten Welt. Und die Arbeitskräfte in den Nicht-OECD-Ländern nehmen denen in Europa im Saldo keine Stellen weg. Für jeden Arbeitsplatz in den Schwellenländern, der vom Export nach Europa lebt, entsteht Nachfrage nach europäischen Waren, die mit diesen Exporterlösen bezahlt werden und mit deren Hilfe hier wiederum ein Arbeitsplatz geschaffen wird.

Aber eine Politik der Nachfragestimulierung durch Zinssenkung oder durch Steuersenkung schafft in Europa sofort die Gefahr, dass die Verhandlungsmacht der Gewerkschaften steigt. Dies führt zu übermäßigen Lohn- und damit zu Kostensteigerungen. Die Kostensteigerungen werden auf die Nachfrager in Form höherer Preise überwälzt. Das ruft die Zentralbank auf den Plan, die auf die Bremse treten muss, um die Preisstabilität zu behalten: die Zinsen steigen wieder. Das Geheimnis hoher Beschäftigung ist: vergleichsweise niedrige Löhne und niedrige Zinsen, daher hohe Gewinne. Siehe Amerika. Ein Beschäftigungspakt, der das auf den Weg brächte, der hätte bemerkenswerte Ergebnisse. Aber er ist nicht in Sicht.

So wird es an den Amerikanern hängen bleiben, durch ihre flexiblen Arbeitsmärkte, durch hierdurch mögliche niedrige Zinsen mehr Wachstum und somit mehr Beschäftigung im In- und Ausland zu schaffen. Der europäische Beitrag zur weltwirtschaftlichen Expansion fällt den eigenen Verkrustungen zum Opfer. Das ach so soziale Europa versagt, wenn es um effektive Hilfe für die Dritte Welt geht. Es überlässt dies lieber dem ach so unsozialen Amerika.

G Ein Pakt zur Stimulierung des europäischen und globalen Wachstums?

Trotz der bescheidenen Rolle, die Europa angesichts seiner Verkrustungen weltwirtschaftlich nur spielen kann, lohnt sich vielleicht ein utopischer Diskussionsbeitrag zu der Frage, was hier möglich wäre, wenn ein Beschäftigungspakt geschlossen würde, der die öffentliche Hand zur Nachfragestimulierung und die Gewerkschaften zur Lohnzurückhaltung verpflichten würde.

Die Einführung des Euro ist für das Weltfinanzsystem ein wichtiger Fortschritt. Voraussetzung ist allerdings, dass er eine stabile Währung wird, in die die Anleger Vertrauen bekommen. Wie im Abschnitt A schon ausgeführt, ermöglicht dies, dass der Dollarkurs des Euro nicht allzu stark schwankt. Das aber ist von Bedeutung, um die Investitionsrisiken an jedem Standort der Welt zu vermindern. Auch ein Unternehmen, das in einer Drittwährung rechnet, kann nunmehr leichter voraussagen, welche Kosten auf es selbst und auf seine Konkurrenten in anderen Ländern zukommen. Im Zweifelsfall hat jedes weltmarktorientierte Unternehmen nunmehr gewichtige Konkurrenten und Kunden im Dollar- oder im Euro-Raum. Es lohnt sich von daher für dieses Unternehmen, Risikoabsicherung der eigenen Währung gegenüber Dollar oder Euro einzugehen. Das kann es am leichtesten, wenn die Zentralbank des eigenen Landes für einen relativ stabilen Kurs gegenüber dem Dollar oder Euro sorgt. Es ist zu erwarten, dass für sämtliche Zentralbanken der Welt die Stabilisierung des Kurses der eigenen Währung gegenüber Dollar oder Euro eine hohe Priorität bekommen wird.

Es ist dann sehr wahrscheinlich, dass die Zentralbanken von Drittländern (Ostasien, Großbritannien, Schweiz, Lateinamerika etc.) einen wachsenden Teil ihrer Devisenreserven in Euro halten wollen. Damit dieses nicht zu einer zu hohen Bewertung des Euro gegenüber dem Dollar führt, müssten die Zinsen von der Europäischen Zentralbank niedrig gehalten werden. Es spricht bei niedrigen Zinsen auch einiges dafür, dass die öffentliche Hand bei den Euroländern ihre Konsolidierungspolitik unterbricht und durch Steuersenkungen nachfragestimulierend wirkt. Dies hätte eine günstige Wirkung auf die heimische Beschäftigung. Es könnte gleichzeitig auch die Importnachfrage aus den Ländern Osteuropas und Ostasiens ankurbeln und damit diesen Ländern positive Produktions- und Beschäftigungsimpulse verschaffen. Auf diese Weise könnte Europa zu einer Stimulierung der Weltbeschäftigung beitragen.

Eine solche Politik müsste in dem Moment abgebrochen werden, in dem durch sie die Kaufkraftstabilität des Euro in Gefahr geriete. Denn das hätte sehr bald negative Folgen auf das Vertrauen in den Euro und würde seinen Ruf als stabiles Anlageinstrument schädigen, mit der Konsequenz, dass die Drittländer sich von ihm ab und dem Dollar wieder zuwendeten. Eine Expansion der Nachfrage bei stabilen Preisen ist aber eben nur zu haben, wenn Lohnzurückhaltung geübt wird. Der europäische Beschäftigungspakt müsste also Folgendes vorsehen:

1. Die Gewerkschaften verpflichten sich, ihre Lohnerhöhungsforderungen auf ein Niveau zu beschränken, das unterhalb der Höhe des realen Produktivitätsfortschritts liegt, also unter 2% pro Jahr.
2. Der Staat, sprich die Regierungen der Staaten im Euro-Gebiet, senken die Steuern, um die Binnennachfrage in Europa zu stimulieren.
3. In den Gesetzen, die die Steuern senken, ist vorzusehen, dass die Steuersenkungen rückgängig gemacht werden, wenn die Euro-Inflationsrate über 2,5% steigt oder wenn die Kapitalmarktzinsen für den Euro einen bestimmten Wert übersteigen.

4. Die Euro-Staaten vereinbaren, den Abbau von Importbeschränkungen, die in der WTO vereinbart wurden, vorzuziehen, um insbesondere an die Länder der Dritten Welt und Osteuropas den Willen zu signalisieren, einen Beitrag zur Stimulierung ihrer Volkswirtschaften zu leisten. Die Gewerkschaften stimmen dieser beschleunigten Marktöffnung ausdrücklich zu.
5. Es wird ein bestimmtes Ziel für die Beschäftigungszunahme in den Euro-Ländern vereinbart, das sich ableitet aus den abgeschätzten Stimulierungseffekten der Steuersenkung und der Lohnzurückhaltung.

Diese ganz grobe Skizze eines solchen Beschäftigungspakts ist allerdings, wie schon betont, utopisch. Die Gefahr besteht, dass zwar ein europäischer Beschäftigungspakt beschlossen wird, in dem aber im Wesentlichen weitere Staatsinterventionismus («aktive Beschäftigungspolitik») beschlossen werden, die den Unternehmen weitere Bürokratie aufbürden (Beispiele: Überprüfung des angeordneten Abbaus von Überstunden, Ausbildungsabgaben nach bestimmten komplizierten Schlüsseln und mit vielen Ausnahmeregelungen von Flensburg bis Palermo) und die ihre Autonomie in der Vereinbarung von Anstellungsverträgen beschränken – um die Flächendeckung der Tarifverträge wasserdichter zu machen, um die Verkrustungen besser gegen die Kräfte des Marktes zu schützen.

Fazit dieses Kapitels: *Der moderne Kredit ist ein entpolitisierter Kredit, den es in vielen Schwellenländern noch nicht gibt. Deshalb ist eine internationale Kreditfinanzierung des Wachstums der Dritten Welt sehr eng begrenzt. Die OECD-Länder können zum Wachstum der Dritten Welt am besten beitragen durch Stimulierung des eigenen Wachstums und durch die hiermit bewirkte Nachfragesteigerung für Produkte aus den Schwellenländern und den übrigen Ländern der Dritten Welt. Das ist in den letzten Jahren in den USA geschehen, dank der dort sehr flexiblen Arbeitsmärkte. Die Verkrustungen auf Europas Arbeitsmärkten machen eine entsprechende Wachstumsstrategie in Europa unmöglich. Die Einführung des Euro als stabile Währung war ein Beitrag zur Stabilisierung des internationalen Finanzsystems.*

12. Wachstum der Weltwirtschaft als realistische Lösung des Welt-Klima-Problems

»Es ist leichter, dass ein Kamel durch ein Nadelöhr gehe, denn dass ein Reicher in das Reich Gottes komme.«

Jesus (Matthäus 19,24), Stifter der Religion, die in den reichen Ländern die vorherrschende ist

A Das Bevölkerungsproblem

In vormodernen Zeiten gab es starke Schwankungen der Bevölkerung. Gute Zeiten waren solche, in denen die hauptsächlichen Geißeln der Menschheit wie Krieg, Bürgerkrieg, Seuchen, schlechte Ernten nicht grassierten. Dies führte zu einem Anstieg der Bevölkerung. Verheerende Seuchen wie gelegentlich die Pest oder lang andauernde Kriege wie der Dreißigjährige Krieg vermochten die Bevölkerung zu dezimieren. Im 18. Jahrhundert begann die Bevölkerung in Europa kontinuierlicher zu steigen. Die hygienischen Verhältnisse verbesserten sich und sorgten insbesondere für eine abnehmende Säuglings- und Kindersterblichkeit. Im 19. Jahrhundert erlebten einzelne europäische Länder, so England und Deutschland, eine Bevölkerungsexplosion, nicht zuletzt aufgrund verbesserter Überlebensbedingungen der ländlichen Bevölkerung. Die Industrialisierung verschaffte einer wachsenden Zahl von Menschen Arbeit und Brot, Menschen, die in der Landwirtschaft wegen des konstant bleibenden Angebots landwirtschaftlichen Bodens nicht mehr untergebracht werden konnten.

Mit der Industrialisierung und Urbanisierung ergab sich zugleich, dass die Geburtenzahlen zurückgingen. Im Verlauf des zwanzigsten

Jahrhunderts führte dies dazu, dass der natürliche Bevölkerungs-überschuss in Europa sich verminderte und sich schließlich im Verlauf der siebziger Jahre in einigen Ländern in ein Bevölkerungsdefizit verwandelte. Heute haben einige Länder Europas einen Überschuss der Sterberate über die Geburtenrate, auch Deutschland.

Es leben heute 6 Milliarden Menschen auf der Welt. Die UNO prognostiziert, dass die Weltbevölkerung bis zum Jahre 2025 auf 8 Milliarden und bis zum Jahre 2050 auf 9,4 Milliarden steigen wird. Dabei sind diese Zuwachsprognosen schon um einiges niedriger als frühere Prognosen für dieselben Zeitpunkte. In den vergangenen 20 Jahren konnte man nicht nur in den hochentwickelten Ländern, sondern auch in den meisten Ländern der Dritten Welt eine kontinuierliche Abnahme der Geburtenrate pro Frau beobachten. Die Feststellung, dass es sich hier um einen weiter extrapolierbaren Trend handelt, hat die UNO-Fachleute veranlasst, die Bevölkerungsprognosen nach unten zu revidieren.

Sieht man sich die veränderten Fruchtbarkeitsziffern der Dritten Welt genauer an, dann stellt man fest, dass eine enge Korrelation besteht zwischen dem Wachstum des Lebensstandards und dem Sinken der Geburtenraten. In Asien, das im Vergleich zur Zeit vor 20 Jahren für die meisten Länder heute einen höheren Lebensstandard verzeichnet, ist die Abnahme der Fruchtbarkeitsziffern am eindeutigsten. Ich möchte ausdrücklich darauf hinweisen, dass der Lebensstandard nicht nur in den Ländern Ostasiens, sondern auch in Ländern wie Indien, Bangladesch, Pakistan gestiegen ist. Andererseits ist in Afrika, wo der Lebensstandard stagniert, zum Teil sogar zurückgeht, von einer abnehmenden Fruchtbarkeit der Frauen nicht viel zu sehen.

Die Verbindung zwischen Lebensstandard und verminderter Bevölkerungszunahme wird somit bestätigt nicht nur in der europäischen Geschichte, sondern auch in der heutigen Zeit und für alle Erdteile. Natürlich gibt es daneben andere Einflussfaktoren auf die Geburtenrate. Aber es erscheint als wenig aussichtsreich, die Weltbevölkerung auf friedlichem Wege zu stabilisieren, wenn deren materieller Lebensstandard nicht steigt. Die Stabilisierung der Weltbevölkerung ist aber die wichtigste Voraussetzung dafür, dass die Ökologie des Globus nicht einer Katastrophe entgegengeht.

Staaten mit einem sehr niedrigen Lebensstandard der Bevölkerung sind Staaten mit einem wenig entwickelten Organisationsstand des wirtschaftlichen und gesellschaftlichen Lebens. Sieht man von Fällen totalitärer Verirrung wie Nord-Korea oder, in den achtziger Jahren noch, Rumänien und Albanien, ab, dann entspricht dem schwachen Produktivitätsstand des Landes auch ein nur wenig ausgebauter, nur wenig leistungsfähiger Staat. Dieser kann daher keine Gewähr für eine funktionsfähige Sozialversicherung bieten. Das weiß die Bevölkerung. Die Absicherung des Lebensrisikos einer Erwerbsunfähigkeit wegen Alters, Krankheit, Invalidität, Arbeitslosigkeit kann von der staatlichen Sozialversicherung nicht erwartet werden. Die Absicherung durch Spartätigkeit ist ebenfalls nicht möglich, weil es an Rechtssicherheit, an Währungsstabilität, an der Sicherheit des Privateigentums fehlt. So bleibt nur die Solidarität innerhalb der Familie. Diese aber kann Sicherheit nur gewähren, wenn sie hinreichend gross ist. Insbesondere für die Absicherung des eigenen Alters kann hier vom Einzelnen vorgesorgt werden durch eine hinreichende Anzahl von Kindern und durch ihre Erziehung zur Loyalität zu den Eltern.

Eine hohe Geburtenzahl ist deshalb auch dann zu erwarten, wenn der Bevölkerung und insbesondere den Frauen Kenntnisse und Techniken der Empfängnisverhütung und Familienplanung zur Verfügung gestellt werden. So bedeutsam entsprechende Programme auch sind, die Entscheidung über die Zahl der eigenen Kinder bleibt sehr stark wirtschaftlich bestimmt. Deshalb ist die Steigerung des Lebensstandards Bedingung für eine Stabilisierung der Bevölkerung. Nur bei wesentlich höherem Produktivitätsniveau ergibt sich ein hinreichend verlässliches System von Institutionen außerhalb des Familienverbands, so dass individuelle und sozialstaatliche Vorsorge funktionieren können.

B Das ökologische Janusgesicht wirtschaftlichen Wachstums

Natürlich ist es bisher der Normalfall, dass ein höherer Lebensstandard auch mit einem höheren Verbrauch von Ressourcen einhergeht, die die Natur zur Verfügung stellt. Die vom Club of Rome vor bald dreissig Jahren auf den Weg gebrachte Studie über die »Grenzen des Wachstums« hat mit neuen Methoden und neuer Schärfe die schon oft gestellte Frage nach den naturbedingten Grenzen des Wirtschaftens gestellt. Sie hat eine radikale Wende der Wirtschaftspolitik von dem damals unangefochtenen Wachstumskurs empfohlen. In den Köpfen der meisten Menschen stehen seither wirtschaftliches Wachstum und Umweltschutz in einem scharfen Gegensatz zueinander. Die Katastrophenprognosen der damaligen Studie sind zwar nicht so wie vorausgesagt eingetroffen. Viele hätten nämlich schon vor dem Ende des Jahrhunderts eintreffen sollen. Solange aber der Gedanke richtig ist, dass wirtschaftliches Wachstum den Ressourcenverbrauch erhöht, bleibt diese Spannung bestehen.

Viele Menschen aus den industrialisierten Ländern haben diese aufgerufen, ihre Wirtschaftsweise radikal zu ändern, und sie haben gleichzeitig die Länder der Dritten Welt aufgefordert, die Fehler der industrialisierten Welt nicht nachzumachen. Diese Rufe sind aber letztlich ohne grosse Wirkung geblieben. Da bisher die akuten Katastrophen ausgeblieben sind, hat sich die Mehrheit der Wählerbevölkerung in den reichen Ländern gesagt: »Für uns scheint ja vorerst genug an Natur da zu sein. Vielleicht können es nicht alle so gut haben wie wir es bis jetzt hatten, aber wir sind nicht bereit, grosse Opfer für die übrige Menschheit zu bringen.« Und die Menschen in der Dritten Welt sagen: »Ihr könnt uns nicht die Enthaltung predigen, die ihr selbst nicht praktiziert.«

Die »theoretische« Moral des Einzelnen in der industrialisierten Welt ist wesentlich benevolenter. Er sagt in der Regel: »Ich bin zu Opfern bereit, wenn dies wirklich etwas nützt, d. h. wenn auch alle anderen zu gleichen Opfern bereit sind.« So entsteht die Aufgabe, diese gemeinsame Opferbereitschaft in die Tat umzusetzen.

Das aber misslingt wegen der im Kapitel 2 dargestellten Status quo-Orientierung der Politik. Das Interesse an diesem gemeinsamen Opfer aller Menschen der OECD-Welt lässt sich schwer organisieren. Es ist überlagert vom Verteilungskampf innerhalb des eigenen Landes. Es fällt zurück gegenüber der leichter organisierbaren Vertretung egoistischer Interessen kleinerer Gruppen, so wie im Kapitel 2 dargestellt. Dieses gemeinsame Opfer bedeutete zum Beispiel Verzicht auf wirtschaftliches Wachstum in der hergebrachten Form. Die europäischen Sozialsysteme sind aber auf wirtschaftliches Wachstum angelegt. Ihre Finanzierbarkeit hängt von anhaltendem wirtschaftlichem Wachstum ab. »Status Quo bei der Sozialpolitik oder Beendigung des wirtschaftlichen Wachstums mit entsprechenden Veränderungen und Opfern beim sozialen Netz?« Wenn diese Alternative in der europäischen Politik zur Wahl gestellt würde, dann hätte das Null-Wachstum keine Chance. Eine echte Null-Wachstums-Strategie einer politischen Mehrheitskoalition wäre in Europa politischer Selbstmord.

Die in ihrer Struktur angelegte Status quo-Orientierung der Politik verdammt die Industrieländer zu einem Kurs des wirtschaftlichen Wachstums. Damit aber ist auch die ganze Welt auf Wachstumskurs. Denn, wenn man nicht einmal bei einem Sozialprodukt von $ 25.000 pro Kopf auf Wachstum zu verzichten in der Lage ist, dann wird ein Land mit einem Sozialprodukt von $ 5.000 oder $ 1.000 pro Kopf Appelle der reichen Länder, auf Wachstum zu verzichten, nicht ernst nehmen.

Wenn wir uns deshalb im Folgenden damit abfinden, dass eine Null-Wachstum-Strategie in absehbarer Zeit politisch völlig irreal ist, dann entsteht die Frage, ob denn Wachstum so eindeutig ökologisch schädlich ist. Der höhere Verbrauch natürlicher Ressourcen ist sicher problematisch. Andererseits hatten wir im Abschnitt A gesehen, dass Wachstum des Wohlstands sich günstig auf die Geburtenraten und damit günstig auf die Entwicklung der Weltbevölkerung auswirkt. Das Wachstum des Lebensstandards in der Dritten Welt ist auch deshalb von Bedeutung, weil es das Verständnis für die Weltprobleme des Ressourcenschutzes und der Umwelt steigert. In der Fachsprache des Ökonomen ausgedrückt: die Nachfrage nach Umweltgütern hat eine hohe Einkommenselastizität. Wer arm ist, dem liegen andere Dinge näher als eine intakte Umwelt. Wer genügend zu essen hat, wer Kleidung und eine auskömmliche, geheizte Wohnung hat, beginnt sich für die ja auch gesundheitsrelevanten Umweltprobleme zu interessieren, zuerst auf lokaler, dann auf nationaler, dann auf Weltebene. Auch hier gibt es deshalb einen nicht nur negativen, sondern auch positiven Zusammenhang zwischen Ressourcenschutz und wirtschaftlichem Wachstum.

Kann man durch rasches Wachstum der Weltwirtschaft die Weltbevölkerung stabilisieren, bevor der ökologische Kollaps eintritt? Ist es daher vernünftig, Wachstum zu stimulieren, um letztendlich damit den langfristigen Ressourcenverbrauch in zuträglichem Rahmen zu halten?

Diese Frage kann heute sicher nicht beantwortet werden. Aber, indem wir sie stellen, können wir zu einer Debatte darüber beitragen, wie eine langfristig ökologisch verträgliche Wachstumsstrategie aussehen könnte. Anhand des Beispiels des Klimaproblems werde ich versuchen, einige Aspekte zu diskutieren.

C Das Klimaproblem als Thema der Globalisierung

Ich wähle das Klimaproblem, weil es das Paradebeispiel für globale Umweltprobleme darstellt, die ich in Kapitel 7 ausgeklammert habe. Es hat wenig Sinn, dass nur ein Land oder zwei Länder ihren Ausstoß an klimabeeinflussenden Treibhausgasen reduzieren. Dies muss von allen getan werden. Das ist der Grund, dass sich die grosse Mehrheit der Staaten in Rio de Janeiro 1992 und auf Folgekonferenzen bis hin zu Kyoto 1997 verabredet haben, eine Klimakonvention in Kraft zu setzen. Diese Konvention verpflichtet die Unterzeichnerstaaten, bis zum Jahre 2008 bzw. 2010 ihre Emissionen an treibhausbeeinflussenden Gasen um bestimmte Prozentsätze zu vermindern, gemessen an bestimmten Ausgangswerten des Jahres 1990. Die in Kyoto vereinbarten Emissionsreduktionen sind nach Auffassung der Klima-Experten noch lange nicht ausreichend, um die Stabilisierung des Weltklimas zu garantieren. Weitere Reduktionen müssten also folgen. Die Kyoto-Vereinbarung ist von wichtigen Ländern, so von den USA, noch nicht ratifiziert worden. Die Länder der Dritten Welt haben bisher Verpflichtungen im eigentlichen Sinn noch gar nicht übernommen. Dies wiederum macht die Ratifizierung im amerikanischen Senat schwierig, da dort viele meinen, das Kyoto-Abkommen bewirke Wettbewerbsvorteile der Schwellenländer im internationalen Handel, wenn Verpflichtungen zur Emissionsreduktion von diesen nicht übernommen würden.

Ich werde nun einmal – optimistisch – unterstellen, dass die Kyoto-Vereinbarung tatsächlich auch von den USA ratifiziert wird. Es ist instruktiv, sich die Frage zu stellen, was das multilaterale Klimaschutz-Abkommen von der WTO-Vereinbarung strukturell unterscheidet. Aus meiner Sicht ist es insbesondere der Sanktionsmechanismus für den Fall der Vertragsverletzung. Dieser Sanktionsmechanismus ist im WTO-Abkommen ziemlich klar: Erschwerung oder gar Sperrung des Zugangs der eigenen Waren zu den Märkten der anderen Mitgliedsländer. Was aber geschieht Deutschland, der EU oder den USA, wenn sie die im Klimaschutz-Abkommen vorgesehenen Reduktionsverpflichtungen nicht einhalten? Mir ist das unklar. Die Sanktionen scheinen mir nebulös und nicht sehr abschreckend für einen Vertragsverletzer. Aus diesem Grund ist meine Prognose, dass das Klimaschutz-Abkommen nicht funktionieren wird, während alles danach aussieht, dass das WTO-Abkommen Bestand haben wird. Wirklich schmerzliche Einschnitte in den Lebensstandard der Gesamtbevölkerung oder auch nur in die Erwerbsmöglichkeiten politisch einflussreicher Branchen wird sich eine parlamentarische Mehrheit in keinem Land leisten können, nur um ein Abkommen in nationales Recht umzusetzen, dessen Nichtumsetzung keine wesentlichen Strafen zur Folge hat.

Man sollte sich keine idealistischen Vorstellungen vom demokratischen Willensbildungsprozess machen. Die grundsätzlichen problematischen Strukureigenschaften habe ich in Kapitel 2 dargestellt: Status quo-Orientierung und Kurzfrist-Orientierung. Das Welt-Klima-Problem ist nun ein Problem par excellence, dessen Lösung Langfrist-Orientierung und Veränderungsbereitschaft erfordert. Unglücklicherweise kann es durch ein Laissez-faire der Marktwirtschaft auch nicht gelöst werden. Denn es geht darum, überhaupt erst einen institutionellen Rahmen zu schaffen, der den freien Zugriff auf ein knappes Gut verhindert und den Zugriff von der Zahlung eines entsprechenden Knappheitspreises abhängig macht. Das knappe Gut ist in diesem Fall die Atmosphäre des Globus angesichts ihrer Verletzlichkeit gegenüber Emissionen von Treibhausgasen. Der freie Zugriff ist die bisher unbeschränkte Möglichkeit, Gase wie CO_2, Methan etc. in die Luft zu blasen.

Es ist aus Sicht der ökonomischen Wissenschaft nicht allzu schwer, die Prinzipien einer sanktionsbewehrten internationalen Vereinbarung über Treibhausgas-Emissionsreduktionen aufzuschreiben. Das Recht, Emissionen zu verursachen, muss für alle Staaten der Welt eingeschränkt sein. Die Emissionsrechte müssen »gerecht« verteilt werden. Das bedeutet nach anerkannten Prinzipien der politischen Ethik: sie müssen auf lange Sicht auf die einzelnen Staaten proportional zu ihrer Bevölkerung verteilt werden. Der Verteilungsschlüssel mag für eine Übergangsperiode anders aussehen und sich an die in der Vergangenheit praktizierten Emissionswerte anpassen, um dann im Zeitverlauf immer stärker egalisiert zu werden. Wie hoch die Gesamtsumme der Emissionsrechte sein soll, das wird vom Dialog zwischen Klima-Experten, ökonomischen Experten und Politik abhängen. Dieser Punkt soll hier nicht weiter diskutiert werden. Es muss einen verlässlichen Mechanismus geben, mit dessen Hilfe international eindeutig geklärt werden kann, wie hoch die tatsächlichen Emissionen der einzelnen Staaten sind. (Hier werden sich noch eine Menge von Detailproblemen ergeben, die ich hier aber nicht Platz habe zu diskutieren). Durch einen solchen Mechanismus kann festgestellt werden, ob die Staaten ihre Verpflichtungen einhalten oder ob sie mehr Emissionen tätigen als ihnen zustehen. Im Vertrag muss von vornherein festgelegt werden, welche Sanktionen sich ergeben, wenn die Emissionsrechte überschritten worden sind.

Da militärische Sanktionen offenkundig nicht in Betracht kommen sollten, bleiben wirtschaftliche, sprich: finanzielle Sanktionen. Wer sein Auto falsch parkt, erhält eine Geldstrafe. Auch hier handelt es sich um die unerlaubte Inanspruchnahme einer knappen Ressource. Die Geldstrafe ist der »Preis« dieser knappen Ressource, den die öffentliche Hand festgelegt hat, um die Ressource besser verwalten zu können. So auch hier: übermäßige Emissionen von Treibhausgasen verursachen Geldstrafen der einzelnen Länder zugunsten einer Weltkasse proportional zum Ausmaß der Überschreitung. Damit ist ein Preis für das knappe Emissionsrecht vorgegeben. Dieser Preis kann auch als Belohnung für den Verzicht auf die Nutzung von Emissionsrechten verwendet werden. Diese Belohnung wird aus derselben Kasse bezahlt, in die die Strafgelder eingezahlt werden. Das Abkommen muss von vorneherein vorsehen, dass dieser Preis angepasst werden muss, wenn entweder die Gesamtemission das erlaubte Maß überschreitet oder unterschreitet. Im ersten Fall muss der Emissionspreis erhöht, im zweiten Fall gesenkt werden.

Ein solches Abkommen hätte Hand und Fuß und könnte das Klimaproblem mit Hilfe eines Preismechanismus lösen. Aber es ist nicht wahrscheinlich, dass es in der näheren Zukunft unterzeichnet und ratifiziert wird. Es wird vorerst bei dem eher zahnlosen Kyoto-

Abkommen bleiben, wenn überhaupt etwas geschieht. Die Erfahrung, dass diese Art Abkommen das Verhalten der Staaten nicht wesentlich verändert, mag dann zu einem späteren Zeitpunkt ein sanktionenbewehrtes Abkommen ermöglichen. Sicher ist das nicht, denn auch dann wird man sich mit der Status quo-Orientierung und Kurzfrist-Orientierung der Politik auseinandersetzen müssen.

D   Ressourcenschonendes Wachstum der Weltwirtschaft

Untersuchungen von Wissenschaftlern aus der Ökonomie und aus anderen Disziplinen zeigen, dass die Opfer, die die Weltwirtschaft bringen müsste, um mit einem geringeren Ressourcenaufwand auszukommen, geringer sind als man bei oberflächlicher Betrachtung vielleicht annehmen würde. Der Grund liegt darin, dass sich die Technik im Wachstumsprozess wandelt, wobei sie sich an die jeweiligen Knappheitsverhältnisse anpasst. Die Unternehmen, die für die Umsetzung neuer Techniken in die Praxis zuständig sind, versuchen, Kosten zu sparen. Sie richten ihr besonderes Augenmerk auf die Einsparung solcher Produktionsfaktoren, die teuer sind. In den vergangenen zweihundert Jahren ist die menschliche Arbeit im Vergleich zu Boden, Rohstoffen und Kapital immer teurer geworden. Das hat dazu geführt, dass es besonders attraktiv wurde, arbeitsssparenden technischen Fortschritt zu entdecken und zu entwickeln. Ein Mähdrescher als Substitut für menschliche Arbeit wäre bei den Löhnen der Erntearbeiter im 19. Jahrhundert nicht rentabel gewesen. Schon deshalb ist er erst bei wesentlich höheren Löhnen entwickelt und in den Markt gebracht worden.

Denselben Optimismus kann man hegen bezüglich der Entwicklung von Technologien, die die Güter unseres Bedarfs mit wesentlich geringerem Aufwand an natürlichen Ressourcen herstellen. Dabei ist es nicht so sehr Aufgabe des Staats, die Entwicklung solcher Technologien zu fördern. Die Erfahrung zeigt, dass dies in der Regel zu den Ressourcenverschwendungen führt, die man auch bei anderen staatlichen Subventionen als Normalzustand registrieren kann. Die Aufgabe des Staates ist es vielmehr, wie im vorangegangenen Abschnitt beschrieben, dort Knappheitssignale aufzubauen, wo diese bisher nicht existierten. Die Privatwirtschaft kann diese

Knappheitssignale viel besser verarbeiten als der Staat selbst. Sie wird von sich aus die Richtung des technischen Fortschritts verändern, weil sie daran ein Eigeninteresse hat.

Wenn also im Rahmen eines internationalen Klimaschutzabkommens mit echten Sanktionswirkungen der Preis für Emissionsrechte seine angemessene Höhe erreicht hat, so werden Technologien entstehen, die dasselbe Sozialprodukt mit wesentlich weniger Kohle, Öl und Gas erzeugen werden. Die Einführung von nationalen Steuern auf fossile Energieträger wird im Rahmen eines solchen internationalen Abkommens ein sinnvolles Verfahren sein, mit dessen Hilfe der Staat seine Emissionsreduktionsverpflichtungen auf die Wirtschaftsteilnehmer abwälzt. Da im Rahmen eines solchen Abkommens alle Staaten vor den gleichen Sanktionen stehen, ist zu erwarten, dass sich die entsprechenden Aufschläge für Preise fossiler Energieträger überall in der Welt ergeben werden. Es gibt dann die Wettbewerbsverzerrungen nicht, mit denen man sich zur Zeit in Deutschland anlässlich der Einführung der Energiesteuer herumschlägt.

Mit anderen Worten, gäbe es ein solches sanktionenbewehrtes Klimaschutzabkommen schon heute, müsste die deutsche Energiesteuer gar nicht die Ausnahmeregelungen für energieintensive Branchen vorsehen. Die Abwanderung solcher Branchen ins Ausland würde nicht stattfinden, da der »Preis« der Tonne CO_2-Emission in der ganzen Welt der gleiche wäre.

Ein Wachstum der Weltwirtschaft kann also ressourcenschonender verlaufen als es das zur Zeit angesichts sehr niedriger Rohstoffpreise tut. Ein Wachstum des Lebensstandards in der Dritten Welt ist Voraussetzung für eine humane Form der Stabilisierung der Weltbevölkerung. Es ist darüber hinaus Bedingung dafür, dass das Verständnis der Bürger der Dritten Welt für Umweltprobleme grösser wird.

Wenn auch, unter dieser Perspektive, die gesamtwirtschaftlichen Opfer für eine nachhaltige Entwicklung der Weltwirtschaft als nicht so gross erscheinen, dann sollte man die Hindernisse, derartiges in die Realität umzusetzen, nicht unterschätzen. Denn natürlich ergibt sich bei solcher Ressourcenverteuerung ein erheblicher Wandel in der Wirtschaftsstruktur. Arbeitsplätze und Gewinnchancen in den kohle-, öl- und gasfördernden Branchen werden zurückgehen. Andere Branchen, wie der öffentliche Nahverkehr, werden profitieren. Es wird also zu erheblichen Widerständen gegen eine solche Politik kommen. Da es diese Widerstände in vielen Ländern geben wird, da die Zustimmung zu einer weltweiten Vereinbarung zur Verteuerung der Emissionsrechte von den meisten Ländern gegeben werden müsste, ist es unklar, wann und wie diese Umsteuerung des weltwirtschaftlichen Wachstumsprozesses gelingen wird. Jedenfalls aber ist sie leichter erreichbar und wahrscheinlicher als eine Abwendung vom wirtschaftlichen Wachstum als solchem.

Fazit dieses Kapitels: *Die Weltbevölkerung kann auf humane Weise nur stabilisiert werden, wenn der materielle Lebensstandard in den Ländern der Dritten Welt erheblich zunimmt. So ist wirtschaftliches Wachstum bezüglich der ökologischen Weltprobleme ambivalent. Die OECD-Länder sind angesichts der Status quo-Orientierung der Politik nicht bereit, auf weiteres wirtschaftliches Wachstum zu verzichten. Also muss jede ökologische Stategie eine Strategie des wirtschaftlichen Wachstums sein. Das Kyoto-Abkommen zur Verminderung von Treibhausgasen ist bisher zahnlos, weil ohne ausreichende Sanktionen für Vertragsverletzer. Diese Sanktionen können nur aus einer internationalen Emissionsabgabe bestehen. Dadurch erhalten diese Emissionslizenzen einen Knappheitspreis. Ihre Einführung würde die Privatwirtschaft veranlassen, die ressourcensparenden Technologien zu entwickeln, die ein ökologisch kompatibles wirtschaftliches Wachstum möglich macht. Aber die Status quo-Orientierung der Politik macht ein solches Abkommen vorerst kaum durchsetzbar.*

13. Vielfalt statt Vereinheitlichung: Soziodiversität weltweit

»I beseech you, in the bowels of Christ, think it possible you may be mistaken«

Oliver Cromwell an die Church of Scotland. 1650

A Die Kernaussagen der Kapitel 1 bis 12

Im Folgenden gebe ich die Kernaussagen der vorangehenden Kapitel wieder. Es sind dies die Textteile, die in den Kapiteln selbst kursiv gedruckt sind.

Kapitel 1

Die Große Dichotomie: als Produzenten sind wir in der arbeitsteiligen Marktwirtschaft den System- und Sachzwängen unterworfen; als Verbraucher sind wir – im Vergleich zu allen anderen denkbaren Wirtschaftssystemen – relativ frei in der Wahl, wie wir unser Einkommen verwenden. Es gibt für uns im Wesentlichen nur die eine grosse Knappheit, die Knappheit unserer Kaufkraft, die Knappheit des Geldes.

Im Verlauf des zwanzigsten Jahrhunderts hat uns die arbeitsteilige Marktwirtschaft eine Verzehn- bis Verzwanzigfachung des Lebensstandards beschert.

Ich halte den Trend zu vermehrter Arbeitsteilung, zur Professionalisierung für unumkehrbar und für universell.

Kapitel 2

Das im Konzert der Interessenvertretungen dominierende Interesse ist das Interesse des Einzelnen als Produzent.

Die Produzenteninteressen, die sich gut in Interessengruppen organisieren lassen, präferieren den Status Quo gegenüber den meisten Veränderungen.

Demokratische Politik ist Status quo-orientiert, tut sich schwer mit jeder Art von Veränderung.

Delegiertes Handeln verschiebt das Handeln in Richtung stärkerer Kurzfrist-Orientierung.

Politik ist delegiertes Handeln und daher kurzfristorientiert.

Kapitel 3

Der Mensch handelt langfristorientiert, wenn er für sich selbst handelt.

Stellt der Staat in der Form stabilen Geldes die Voraussetzungen für eine risikofreie Anlage zur Verfügung, dann wird ein grosser Teil des Finanzvermögens der Bürger in festverzinslichen Werten angelegt, die relativ risikofrei sind und eine kleine Rendite abwerfen.

Der Finanzsektor ist ein Wahrheitsmechanismus der Gesellschaft.

Nur in der wettbewerblichen Marktwirtschaft mit der Freiheit unternehmerischer Initiative gedeihen Innovationen und findet zugleich eine Verhaltenskoordination im Interesse aller Wirtschaftsteilnehmer statt.

Kapitel 4

Die Freiheit des Bürgers – auch gegen die demokratische Mehrheit – ist notwendige Voraussetzung eines jeden legitimen Primats der Politik.

Das Trennprinzip: Meinungsfreiheit setzt einen sanktionsschwachen Raum des Politischen voraus. Effizientes Wirtschaften setzt einen sanktionsstarken Bereich der Wirtschaft voraus. Beides geht in der selben Gesellschaft nur zusammmen, wenn diese beiden Bereiche getrennt sind, wenn die Wirtschaft entpolitisiert ist.

Es bleibt unklar, was der geforderte »Primat der Politik« eigentlich heißt.

Kapitel 5

Die grossen Wachstumserfolge des Freihandels seit dem zweiten Weltkrieg haben diesen als institutionellen Rahmen der Globalisierung fest etabliert.

Die Globaliserungsetappe der letzten Jahrzehnte hat das Überangebot an unqualifizierter Arbeit vergrössert. Davon haben die Volkswirtschaften profitiert, die über viel Sach- und Humankapital verfügen, wie Deutschland, Österreich oder die Schweiz.

Alle Bevölkerungsteile in Deutschland haben aus der Globalisierung Vorteile gezogen.

Die grossen internationalen Unternehmen sind bisher kein Hindernis für die Intensivierung des Wettbewerbs gewesen.

Kapitel 6

Die Sozialpolitik ist innerhalb eines breiten Rahmens frei in der Festlegung des Anteils des Kollektivlohns am Gesamtlohn. Dieser aber, also der Wettbewerbslohn, kann durch die Sozialpolitik kaum beeinflusst werden.

Deshalb geht jede Ausdehnung der Segnungen des Sozialstaats auf Kosten des Individuallohns, der dem Arbeitnehmer bar ausgezahlt wird, nicht aber auf Kosten der Wettbewerbsfähigkeit der heimischen Wirtschaft.

Umgekehrt führt jede Kürzung im Bereich des Sozialstaats nach einiger Zeit zu einem erhöhten Individuallohn.

Der Spielraum der nationalen Sozialpolitik ist also auch im globalen Wettbewerb gross.

Entsprechend verkehrt ist der Vorwurf des »Sozialdumping« an die Adresse jener Länder, die sich entscheiden, andere, weniger weitreichende staatliche Sozialeinrichtungen zu haben als zum Beispiel die mitteleuropäischen Länder.

Es ist nicht nur so, dass der weltweite Wettbewerb die nationale Autonomie nicht beseitigt. Im Gegenteil, durch den weltweiten Wettbewerb gewinnt die nationale Autonomie eine bedeutsame Funktion für den Erkenntnisfortschritt im wirtschaftspolitischen und allgemein-politischen Bereich. Der Wettbewerb der nationalen Problemlösungen ist ein globales System des Trial and Error in der Suche nach besseren Antworten.

Kapitel 7

Unterschiedliche Umweltstandards in verschiedenen Ländern verzerren überhaupt nicht den internationalen Wettbewerb, sondern sind einfach Ausdruck unterschiedlicher Umweltpräferenzen in verschiedenen Ländern.

Den einen ist eine intakte Umwelt mehr an Reallohnopfern wert als den anderen.

Der Begriff des »Umweltdumping« ist Ausdruck einer verengten Perspektive. Die Welt wird hier gesehen aus der Sicht der materiell gesättigten Gesellschaft Mitteleuropas, der sehr stark ausgeprägte Umweltpräferenzen entsprechen.

Die Vereinheitlichung der Umweltstandards ist meines Erachtens der falsche Weg.

Kapitel 8

Die Unternehmer haben eine Rendite nach Steuern, die im langfristigen Gleichgewicht gar nicht von der Besteuerung abhängt. Mit anderen Worten: langfristig werden sie durch die Gewinnsteuer nicht belastet. Andere sind die Träger der Gewinnsteuer, nicht die Unternehmer.

Eine Vereinheitlichung der Gewinnsteuern durch internationale Absprachen bringt Steuersätze, die zu hoch sind, um grössere Bürgernähe und geringere Komplexität der Steuern und höhere Steuerehrlichkeit zu fördern. Die weitere Bürokratisierung unserer Welt, die weitere Entfremdumg des steuerzahlenden Staatsbürgers von seinem Staat, der fortgesetzte Anreiz zur Steuerhinterziehung, sie sind dann vorprogrammiert.

Der internationale Steuersenkungswettlauf ist insofern ein probates Gegenmittel gegen die Kurzfristorientierung der Politik.

Kapitel 9

Der voranschreitende Prozess der Professionalisierung im Geschäft der Vermögensanlage setzt das Shareholder Value-Prinzip durch; und dieser Trend ist unumkehrbar.

Das Shareholder Value-Prinzip gibt den Managern klare Ziele. Es ist veränderungsfreundlich.

Das Stakeholder-Prinzip gibt dem Management keine klaren Vorgaben, außer der, keinem der Status quo-Stakeholder auf die Füsse zu treten. Es ist veränderungsfeindlich.

Der internationale Kapitalmarkt stützt die politischen Kräfte, die in der nationalen Politik gegen Illusionismus, Populismus und übermäßige Staatsverschuldung ankämpfen.

Die hohe Volatilität der Aktienmärkte und anderer Wertpapiermärkte ist hervorgerufen durch die delegationsinduzierte Kurzfristorientierung der Vermögensverwalter.

Der internationale Finanzmarkt dient mehrheitlich nicht der Spekulation, sondern ihrem Gegenteil: der Risikoabsicherung. Langfristig erfolgreich tätige »Spekulanten« sind meist auf einen engen Teilbereich der Märkte spezialisiert, wo sie kraft ihres guten Informationsstands Geld verdienen. Sie stellen damit den anderen Marktteilnehmern einen nützlichen Service der Risikoübernahme und der Verminderung von Marktvolatilität zur Verfügung.

Kapitel 10

Die wettbewerbliche Wirtschaft ist die Kraft der Veränderung, die Politik, sei sie demokratisch oder nicht, ist die Kraft der Beharrung und Bewahrung.

Die Weltprobleme werden dadurch gelöst, dass man der Wirtschaft die Führungsrolle vor der Politik überlässt.

Wenn unter dem Primat der Politik eine weitgehende Politisierung des Wirtschaftsgeschehens verstanden sein soll, dann kann dies nur in Stagnation, also letztlich in der Katastrophe enden.

Nur die Entpolitisierung der Märkte konnte den Souveränitätsanspruch der Nationalstaaten überwinden, der mit der politischen Integration Europas nicht mehr verträglich war.

In diesem Sinne ist die Entpolitisierung der Märkte ein eminent politischer Vorgang. So wie er Voraussetzung für eine echte Demokratie ist, ist er auch Voraussetzung für den Prozess der gewaltfreien politischen Integration von bisher unabhängigen Nationalstaaten.

Die WTO ist ein wirksames Sanktionensystem, das ohne die Drohung mit dem Einsatz von Waffen jenseits der jeweiligen nationalen Grenzen auskommt.

War im alten Gedankengebäude der Marktzugang militärisch abgesichert, so ist er heute vertraglich, durch multilaterale Gegenseitigkeit gewährleistet, bei der die militärische Gewalt gerade bewusst keine Rolle spielen soll und auch nicht spielt. Die Notwendigkeit, diesen Absatzzugang zu sichern, erzwingt gerade die Einhaltung der nichtmilitärischen Spielregeln, erzwingt die militärische Enthaltsamkeit.

Kapitel 11

Der moderne Kredit ist ein entpolitisierter Kredit, den es in vielen Schwellenländern noch nicht gibt.

Deshalb ist eine internationale Kreditfinanzierung des Wachstums der Dritten Welt sehr eng begrenzt.

Die OECD-Länder können zum Wachstum der Dritten Welt am besten beitragen durch Stimulierung des eigenen Wachstums und durch die hiermit bewirkte Nachfragesteigerung für Produkte aus den Schwellenländern und den übrigen Ländern der Dritten Welt.

Das ist in den letzten Jahren in den USA geschehen, dank der dort sehr flexiblen Arbeitsmärkte.

Die Verkrustungen auf Europas Arbeitsmärkten machen eine entsprechende Wachstumsstrategie in Europa unmöglich.

Die Einführung des Euro als stabile Währung war ein Beitrag zur Stabilisierung des internationalen Finanzsystems.

Kapitel 12

Die Weltbevölkerung kann auf humane Weise nur stabilisiert werden, wenn der materielle Lebensstandard in den Ländern der Dritten Welt erheblich zunimmt.

So ist wirtschaftliches Wachstum bezüglich der ökologischen Weltprobleme ambivalent.

Die OECD-Länder sind wegen der Status quo-Orientierung der Politik nicht bereit, auf weiteres wirtschaftliches Wachstum zu verzichten.

Also muss jede ökologische Strategie eine Strategie des wirtschaftlichen Wachstums sein.

Das Kyoto-Abkommen zur Verminderung von Treibhausgasen ist bisher zahnlos, weil ohne ausreichende Sanktionen für Vertragsverletzer.

Diese Sanktionen können nur aus einer internationalen Emissionsabgabe bestehen. Dadurch erhalten diese Emissionslizenzen einen Knappheitspreis.

Ihre Einführung würde die Privatwirtschaft veranlassen, die ressourcensparenden Technologien zu entwickeln, die ein ökologisch kompatibles wirtschaftliches Wachstum möglich macht.

Aber die Status quo-Orientierung der Politik macht ein solches Abkommen vorerst kaum durchsetzbar.

B   Fazit: Vielfalt statt Vereinheitlichung

Die Politik denkt sehr stark im Schematismus der Vereinheitlichung. Vereinheitlichung hat den Vorteil der grösseren Einfachheit. Aber sie birgt auch Gefahren. Wenn Regelungen vereinheitlicht werden, die verkehrt sind, dann ist ihre Einheitlichkeit ein Hindernis dafür, sie zu ändern. Internationale Vielfalt gibt demgegenüber Anstöße zum Lernen, zum internationalen Lernen. Im Teil 2 dieses Buches habe ich gezeigt, dass internationale Vereinheitlichung weder in der Sozialpolitik, noch in der Umweltpolitik noch in der Steuerpolitik erforderlich ist. In all diesen Bereichen ist grosser Spielraum für national eigenständige Politik. Die Wettbewerbsfähigkeit wird bei Änderungen in der jeweiligen heimischen Politik nicht berührt, solange man die Konsequenzen daraus zieht, dass eine Veränderung möglicherweise volkswirtschaftliche Kosten hervorruft und dass diese Kosten jemand bezahlen muss. Dieses überhaupt nicht durch die Globalisierung verursachte Gesetz der Knappheit darf man in seinen Konsequenzen natürlich auch nicht der Globalisierung anlasten.

Wenn aber in all diesen – und natürlich in den meisten anderen – Politikbereichen die nationale Entscheidungsautonomie erhalten bleibt, dann spricht nichts für Vereinheitlichung und alles für nationale Vielfalt. Jede nationale Politik, die von der in anderen Ländern verschieden ist, bedeutet ein zusätzliches interessantes soziales Experiment, aus dem man möglicherweise etwas lernen kann. Hat eine solche Politik gute Erfolge, dann wird sie vielleicht eines Tages von anderen Ländern übernommen. Ist sie ein Misserfolg, dann wird sie eines Tages wieder geändert. Auch daraus hat die Welt dann etwas gelernt. Nationale Gestaltungsfreiheit hat also nicht nur einen Freiheitswert für die jeweilige Bevölkerung einer Nation. Sie hat darüber hinaus einen Erkenntniswert für die ganze Welt. Dies sollte man beherzigen.

Im Vertrag über die Europäische Union ist seit dem Vertrag von Maastricht das Subsidiaritätsprinzip aufgenommen. Dinge, die auf nationaler Ebene geregelt werden können, sollen nicht auf europäischer Ebene vereinheitlicht werden. Die Schwierigkeit des Subsidiaritätsprinzips liegt darin, herauszufinden, was bedarf der Vereinheitlichung, und was bedarf ihrer nicht. Die Vorstellung, die Sozialpolitik müsse einheitlicher werden, damit es kein Sozialdumping gibt, ist weit verbreitet. Hängt man dieser Vorstellung an, dann wäre auch das Subsidiaritätsprinzip kein Hinderungsgrund für eine Vereinheitlichung. Das Subsidiaritätsprinzip erhält erst dann Kraft, wenn es in Streitfällen als Beweislastregel verstanden wird. Die Beweislast hat der, der vereinheitlichen will. Ein Beweis der Notwendigkeit der Vereinheitlichung aber, so hoffe ich im Teil 2 gezeigt zu haben, wird in sehr vielen Politikfeldern nicht zu erbringen sein.

Wir sind als Produzenten gezwungen, uns auf die Globalisierung einzustellen, wenn wir als Nation ihre Vorteile mit genießen wollen. Als Staatsbürger sind wir im Rahmen unserer jeweiligen nationalen demokratischen Verfassung frei, wie wir ein Sachgebiet durch Gesetzgebung regeln. Der durch die Nutzung der Globalisierungsvorteile gestiegene nationale Wohlstand erhöht den Spielraum für nationale Politikgestaltung, analog dem Faktum, dass in der Marktwirtschaft die Nutzung der Arbeitsteilungsvorteile den Spielraum für individuelle Konsumentscheidungen und Lebensstile erhöht.

Die Erhaltung der Artenvielfalt, der Biodiversität, ist ein allgemein anerkanntes ökologisches Ziel. Ich bin der Meinung, dass wir auch Soziodiversität dringend brauchen. Unsere soziale Welt ist komplex. Ihr Funktionieren ist von uns vielfach noch nicht hinreichend verstanden. Es wäre Arroganz, Hochmut, wenn wir vorgäben, dass wir überall schon die richtigen Lösungen und Rezepte hätten. Friedrich August Hayek spricht von der »Arroganz des Wissens«. Diesem stellt er entgegen den »Wettbewerb als Entdekungsverfahren.« Wir sind nicht eine wissende, sondern eine lernende Weltgesellschaft. Wir können voneinander lernen, wenn wir den Spielraum der nationalen Politikautonomie nutzen, wenn wir auf unnötige internationale Vereinheitlichung verzichten. Auch für die internationale Politik gilt, was Willy Brandt seiner Partei zurief in einem Moment, da er kein Amt mehr anstrebte: »Das Bedürfnis der Menschen nach Freiheit verändert die Welt, nicht die Sehnsucht nach Gleichheit.«

Literaturverzeichnis

Vorwort

Breite Leserschaft zum Thema »Globalisierung« haben u. a. gefunden: Hans-Peter Martin und Harald Schumann, Die Globalisierungsfalle. Der Angriff auf Demokratie und Wohlstand. Reinbek bei Hamburg 1996; oder Oskar Lafontaine und Christa Müller, Keine Angst vor der Globalisierung, Bonn 1998.

1. Kapitel

Eine überzeugende Darstellung des Wachstums- und Professionalisierungsprozesses im 20. Jahrhundert fehlt. Zur Einführung in die Theorie des wirtschaftlichen Wachstums vgl. das Lehrbuch von Paul Samuelson und William Nordhaus, Economics, ins Deutsche übersetzt: dies., Volkswirtschaftslehre (Übersetzung der 15. Auflage), Wien/Frankfurt 1998.

2. Kapitel

Der »locus classicus« der Theorie zur politischen Status quo-Orientierung ist Mancur Olson, The Rise and Decline of Nations, New Haven / London 1982, ins Deutsche übersetzt: ders., Aufstieg und Niedergang der Nationen, Tübingen 1986. Zur Kurzfristorientierung von Delegationsverhältnissen: C. Christian von Weizsäcker, Zeitpräferenz und Delegation, Zeitschrift für Wirtschaftspolitik, Heft 2, 1994, S. 121–139.

3. Kapitel

Zur Langfristorientierung des Individuums: Milton Friedman, A Theory of the Consumption Function, Princeton 1957. Der »locus classicus« für die Evolutions-Theorie komplexer Systeme ist Herbert A. Simon, The Architecture of Complexity, Proceedings of the American Philosophical Society, Vol. 106, December 1962.

4. Kapitel

Die Hauptthese dieses Kapitels wurde kraftvoll vertreten in Friedrich August Hayek, The Road to Serfdom, London 1945, ins Deutsche übersetzt: ders., Der Weg zur Knechtschaft, München 1971, sowie in: Milton Friedman, Capitalism and Freedom, Chicago 1962.

5. Kapitel

Es gibt eine ganze Reihe seriöser soziologischer Analysen des Globalisierungsphänomens. Anstelle zahlreicher Bücher nenne ich hier nur: Ulrich Beck, Was ist Globalisierung?, Frankfurt a.M. 1997, sowie Richard Münch, Globale Dynamik, lokale Lebenswelten. Der schwierige Weg in die Weltgesellschaft, 2. Aufl. Frankfurt 1998. Dort ist auch umfangreiche Literatur angegeben. Die Sichtweise dieser Autoren ist fundamental anders als die meinige und die der meisten meiner Fachkollegen.

6. Kapitel

Zum verkürzten Denken: C. Christian von Weizsäcker, Verkürztes Denken – der entmündigte Bürger, in: liberal, Vierteljahreshefte für Politik und Kultur, Heft 3/1994. Vgl. ferner Friedrich August von Hayek, Der Wettbewerb als Entdeckungsverfahren, Kiel 1968, abgedruckt in: ders., Freiburger Studien, Tübingen 1969.

7. Kapitel

Vgl. hierzu Ernst Ulrich von Weizsäcker, Amory Lovins, L. Hunter Lovins, Faktor Vier. Doppelter Wohlstand – halbierter Naturverbrauch, München 1995. Die dort vertretene kritische Einstellung zum Freihandel teile ich nicht.

8. Kapitel

Das Thema der Steuerüberwälzung wird in jedem Lehrbuch der Finanzwissenschaft behandelt. Vgl z.B. Joseph E. Stiglitz und Bruno Schönfelder, Finanzwissenschaft, München / Wien 1994.

9. Kapitel

Die Theorie des Kapitalmarkts wird in Lehrbüchern dargestellt. Vgl. z.B. Günter Franke und Herbert Hax, Finanzwirtschaft des Unternehmens und Kapitalmarkt, 3. Aufl. Berlin / Heidelberg / New York 1994.

10. Kapitel

Zur WTO vgl. Forschungsinstitut für Wirtschaftsverfassung und Wettbewerb (Hrsg.), Die Bedeutung der WTO für die europäische Wirtschaft, Köln 1997.

11. Kapitel

Zur Rolle des Staats in Entwicklungsländern vgl. Weltbank, World Development Report 1997, Oxford 1997, ins Deutsche übersetzt: dies., Weltentwicklungsbericht 1997, Bonn 1997.

12. Kapitel

Klaus Heinloth, Die Energiefrage, Bedarf und Potentiale, Nutzung, Risiken und Kosten, Braunschweig / Wiesbaden 1997.

Wirtschaftliches Handeln und Strukturen des Marktes

Rolf H. Hasse /
Wolf Schäfer (Hg.)
**Die ökonomischen
Außenbeziehungen
der EWU**
Währungs- und handels-
politische Aspekte.
1998. IV, 334 Seiten mit 27 Ab-
bildungen, 37 Tabellen, kartoniert
ISBN 3-525-13231-X

Rolf H. Hasse /
Wolf Schäfer (Hg.)
**Die Weltwirtschaft
vor neuen
Herausforderungen**
Strategischer Handel, Protektion
und Wettbewerb.
1994. IV, 263 Seiten mit 8 Ab-
bildungen, 13 Tabellen, kartoniert
ISBN 3-525-13226-3

Erhard Kantzenbach /
Jörn Kruse
**Kollektive
Marktbeherrschung**
Mit einem Vorwort von Harald
Jürgensen und Erhard Kantzenbach.
Wirtschaftspolitische Studien,
Band 75. 1989. IX, 151 Seiten mit
6 Abbildungen, kartoniert
ISBN 3-525-12277-2

Thilo Löwe
**Wirtschaften
als Erfahrung**
Bausteine einer philosophischen
Theorie gelingender Ökonomie.
Neue Studien zur Philosophie,
Band 14.
1999. 457 Seiten, kartoniert
ISBN 3-525-30514-1

Hans-Otto Schenk
Handelspsychologie
Eine Einführung.
UTB 1899. 1995. XII, 347 Seiten
mit 35 Abbildungen und 17 Über-
sichten, kartoniert
ISBN 3-8252-1899-6

V&R
Vandenhoeck
& Ruprecht